幸せな成功者は、なぜ、姿勢がいいのか？

姿勢が変われば、人生も変わる！

古谷 維久子
Furuya Ikuko

つた書房

はじめに

あなたが今、「ビジネスで成功したい」「成功へのスピードを加速させたい」と思っているなら、この本を読み終わるころには「成功への切符」を手に入れているはずです。この「成功への切符」とは、「よい姿勢」を習慣化させる、あなたの意識の変化です。この本に書いてあることを素直に実践するだけで、よい姿勢を身につけ、習慣化させることができます。

「よい姿勢は、ビジネスの成功はもちろん、人生までも豊かにする」と言うと、「なにを大げさな……」と思われますか？　これは本当です。自分自身の経験から、またポスチャースタイリスト®として10年、日常でできるよい姿勢・歩き方の講演・セミナー・レッスンなどをおこない、４０００名以上の指導をしてきた中で、多くの人がビジネスも人生も変わっていったのを見てきたからこそ、自信をもって言い切れます。

「成功している人と、成功していない人。信頼されている人と、信頼されていない人。その違いは姿勢である」と。

私自身、10年前までは姿勢が悪く、いつも下を向いていて、歩き方もトボトボと力なく歩いていました。振り返れば、「私の人生、姿勢が悪かったことでどれだけの損をしていたのだろう」と思います。

当時は、見える視野も心の視野も狭く内向的で、発展的に成長するような気力もありませんでした。口から出る言葉は愚痴や文句が多く、そのせいか人間関係でも表面上の付き合いはしてくれても、信頼はしてもらえていなかったように思います。

常に自信がなく、理由のない不安に駆られている
人の目が気になり、人前に出ることが憂鬱で仕方がない
自信のなさから、さらに下を向き、ますます姿勢が悪くなる

10年前の私は、成功からは一番縁遠い人生を自ら作っていました。そして、その大きな原因が「姿勢が悪いことだった」、ということが今ならわかります。

そんな私が、今では何百人もの前に立ち、自信をもって堂々と講演で話をしています。多くの人と交流するようになり、人から頼まれごとや相談事もよく受けるようになりました。ありがたいことに、信頼が増している証拠だと思っています。

私が「姿勢」と出会ったのは、私の友人が姿勢と歩き方のレッスンに行くようになってから、その友人の印象がどんどん変わっていったのを目の当たりにしたことがきっかけです。私とよく愚痴を言い合っていたのに、レッスンに行くようになってからというもの、目力や言動まで変わっていったことに衝撃を受け、半信半疑で私も姿勢と歩き方を習ってみました。今は、当時の私に「その選択は大正解！　よくやった！」と褒めてあげたいくらいです。

正直、「よい姿勢」を身につける前は、姿勢にこれほどの力があるとは思っていませんでした。私は幸いなことに、たまたま一番先に「よい姿勢」を身につけたことで、高額なビジネスセミナーや自己啓発セミナーなどで学ぶ必要がほとんどなく、自分が興味を持って「楽しそう」と思うものだけを学んだ結果、今のように多くの人に講演やセミナー、レッスンをさせてもらえるようになっています。

それは、**「よい姿勢」という素晴らしい名刺を手に入れたから**です。

今は以前の私のように、「姿勢の力に気づかずに、損をしている人の力になりたい。よい姿勢になることで変わる景色を見てほしい」との思いで活動をしています。
人生最後まで使う身体。その身体の基本は「よい姿勢」です。「よい姿勢」は、あなたの成功への道を最短化する方法でもあり、あなたの人生そのものを豊かにする方法につながります。

学びを繰り返し努力しているけれど、成果が伴わない人
ビジネスシーンで、自分に一瞬で興味を持ってもらいたい人
力まず、自然によい姿勢で人前に立ち、オーラを発したい人

そのような人の力になれる一冊です。
あなたの成功がよい姿勢によってスピードアップすることを、そしてこれからの人生において、豊かな時間が増えることを心から祈っています。

ポスチャースタイリスト®　古谷維久子

目次

Chapter 01

成功したけりゃ姿勢を正せ

Chapter 02

こんなにすごい姿勢の効果

Chapter 03
まだ胸だけ張ってる

Chapter 04

自信は腰から

Chapter 05

靴底が教えるあなたの姿勢

Chapter 06 差をつける一日の過ごし方

Chapter 01

成功したけりゃ姿勢を正せ

01

Section

01 成功していない人って、どんな人？

成功したいけど、成功していない人

私はこれまで持ち前の好奇心から、数多くのコミュニティやセミナーに参加してきました。その中には、「成功している人」と「成功したいけど、成功していない人」が混在しており、割合としては「成功したいけど、成功していない人」が多く、「なぜだろう？」と不思議に思ったものです。

彼らは成功するための努力を怠っているわけではなく、むしろその逆で、「成功して人生を充実させたい」と、成功するための考え方や習慣を学び、実践している人がほとんど。学びに意欲的で、コミュニティにも参加し人脈を拡げ、ビジネスに必要なノウハウやテクニックを学び、思考や行動を変えて成功しようと一生懸命です。

それなのに、

- プレゼンテーションの成果が思わしくない
- 社会的地位もあり、実績もあるのに、コンサルの申し込みがない
- セミナーを開催しても人が集まらず、話を真剣に聞いてもらっている感じがしない
- 専門的なこと・ノウハウは知っているのに、仕事に繋がらず焦っている

といった悩みを抱えていました。その原因はいったい何でしょうか。

成功していない人の共通点

ズバリ申し上げると、それは「姿勢」です。

「姿勢」の言葉を国語辞典で調べると2つの意味があることが分かります。ひとつ目は「身体の構え方」、ふたつ目は「心構え・態度」です。どちらも「姿勢」ですが、こうして2つの意味を見ると**「身体と心はつながっている」**ということが理解できると思います。

「成功したいけど、成功していない人」は、「心構え・態度」の方に意識が集中している傾向があります。しかし、どちらかに意識を集中させるのであれば、「身体の構え方」に重きを置くべきです。なぜなら、**成功していない人の共通点として、必ず言えるのが「姿勢がよくない」**だからです。

「成功している人」と「成功したいけど、成功していない人」との大きな差、それが「姿勢」なのです。

身体の「姿勢」は心の「姿勢」

身体の「姿勢」を正しく保つことで、**集中力が増し、思考力や記憶力が鍛えられ、また判断力がアップ**します。これらの能力は、ビジネスをおこなう上で非常に重要なスキルとなります。

また、姿勢がよくなると**筋力もつき、身体の機能がアップ**しますから、ハードなビジネスの日々においても、働き続けるパワーを持続させることができます。

高額な受講料を支払って、成功するための思考や習慣を学びに行っても身に付かなかった人ほど、自身の身体の「姿勢」を見てみてください。嘘だと思われるかもしれませんが、身体の「姿勢」と心の「姿勢」は密接にかかわっています。

身体の「姿勢」が変わったことで、自分自身も心の「姿勢」が変わった一人ですし、これまで多くの受講生の「姿勢」をよくすることで人生が変わっていった変化」を目の当たりにしてきたからこそ断言できます。

「成功している人」は身体と心、両方の「姿勢」が美しい。だからこそ、**「成功したいけど、成功していない人」は、まず身体の「姿勢」を整えること**です。

では、次から実際に「成功していない人」の特徴を、身体の「姿勢」の観点から具体的にお伝えします。あなたは、その中に入っていませんか？

読み進めながら一緒にチェックしてみましょう。

Section

02

成功していない人の特徴

成功していない人は、人との「間合い」が取れていない

成功していない人の共通点として、必ず言えるのが「姿勢がよくない」という点です。「身体の構え方」である姿勢の観点から、成功していない人を見ていくと、ひとつの結論にいたります。それは、「人との間合いが取れていない」ということです。

ここでいう「間合い」とは、剣道などの競技で使われる「間合い」ではなく、**自分と相手という対人においての協調的な「間合い」**のことです。会話のキャッチボールのリズムだけでなく、会話をおこなうときの身体の距離や向き、声のトーンや表情、ジェスチャーなど、すべてを含む対人場面においての「間合い」です。

「間合い」は、人と人が対面するときに必ずある空間配置……これを**「距離感」**とも言い

ますが、**一般的なコミュニケーション能力とは違い、「間合い」には姿勢が大きく関係しています。**それでは具体的に特徴をあげていきましょう。

相手に不安を感じさせる「姿勢」

身体をゆすって話す

身体をゆすって話す人は意外と多いです。立っているときだけでなく、椅子に座って話すときにも多く見受けられます。あなたは身体をゆすって話す人と会話をしていると、どう感じるでしょうか？

落ち着かないし、相手の話がよく入ってこないですよね。これは、不安感につながります。相手の人柄に対しても、この人は安全な人ではないと感じるのです。

下を向いて原稿（資料）を読む・目が合わない

ビジネスでプレゼンテーション（提示・提案）をする機会は多いと思いますが、そのときあなたは下を向いて、原稿（資料）を読みながらプレゼンテーションをしていませんか？

キチンとプレゼンテーションをする相手を見て話せていますか？

下を向くというのは、猫背の姿勢です。声も通りにくくなり、相手と目を合わせる機会が減ります。その姿は相手にとって、「自信なげな人」という印象になります。自信なげな人には、人柄もそのプレゼンテーションの内容にも、不安を感じられてしまいます。

相手をシャットアウトする「姿勢」

目を合わせずにうつむき加減で対応する

「初対面では人見知りをするので……」「人と話すのが苦手で……」というコミュニケーションが苦手な人は、話しかけられたくなくて、うつむき加減の人が多いです。

話しかけられると、うつむきがちで応対するので、上目遣いになり、目だけがキョロキョロと落ち着きなく、不愛想な人だな……と相手の目には映ります。

相手の目を見ずに「はぁ」「そうですか」などの曖昧な返事で、相手の話に共感したり、質問したりもほとんどない。これでは相手から「自分をシャットアウトしているな」と感じられてしまうでしょう。

相手を威嚇する「姿勢」

大きく胸を張って話す

知識を自慢したいだけの人、一方的に自分のことだけを話す人は、相手の立場に立つという想像力が欠如しており、周囲の人との協調性が乏しい傾向にあります。こういった人は、反り腰の傾向があります。

つまり、大きく胸を張っている感じです。胸を張って話すのは、声も通るしむしろ好印象なのでは？　と思う方もおられるでしょうが、大きく胸を張るというのはよい姿勢ではありませんから、むしろ逆効果です。

この姿勢は相手から「威嚇されている」「威張っている」と捉えられ、敬遠されます。

姿勢が先か？　コミュニケーション力が先か？

姿勢だけで、こんなにも人に与える印象が変わるということが理解いただけたでしょうか？　**コミュニケーション力が高くても、どんな姿勢かによって、相手が受け取る印象は**

変わってしまうのです。

姿勢はノンバーバルコミュニケーションのひとつです。ノンバーバルコミュニケーションとは、話すことやメッセージを書くといった言語コミュニケーションではなく、非言語のコミュニケーションのことですが、まさしく「間合い」ですよね。

姿勢を整えると、言語コミュニケーションの反応が乏しくても、寡黙な「できるイメージ」になるのです。

ですから、コミュニケーション力を磨く前に姿勢を整えることが、「相手と絶妙な間合いをとれる、コミュニケーション力を持つ人」へと変化していく早道です。

Section 03

成功への3つのポイント

成功している人は必ずシンプルなセオリーを持っている

あなたの周りに、成功していると言える人はいますか？　大きな利益をあげている経営者だけでなく、世の中には成功者と言われる人はたくさん存在します。もし、あなたの周りにそんな人がいたら質問してみてください。

「成功するために必要なものはなんですか？　3つ教えてください」と。

なぜ3つかというと、**成功者に共通する考え方・価値観の本質は人によって違えど、わずか3つにまとめることができる**からです。

船井総研創業者の船井幸雄氏は、成功者の必須条件として次の3つをあげています。

①勉強好き
②素直
③プラス発想

いますこの3つの成功のセオリーは成功を目指す人なら、どこかで見聞きしたことがあると思います。

この基本的とも言える成功者の3つのポイントに、それぞれの成功するための「習慣」がプラスされ、その人ならではの成功のセオリーが完成しています。習慣の一例としては、早寝早起き、読書の時間を持つ、閃いたことはすぐに行動に移す、常に目標を設定する、などです。

しかし、成功者が当たり前に習慣にしていて、本人たちもそれが特別なことと自覚していないため、あまり本人たちの口から出ない言葉があります。

それが「姿勢」です。**姿勢こそが、成功への3つのポイントにすべてつながり、より効果を高める鍵**なのです。

プレゼンテーションでは、見た目がなによりも重要

「プレゼンテーション力があるかないか」は、ビジネスを大きく左右する能力といえます。プレゼンテーションは、相手に情報・条件・希望を提示して、理解を得るようにするためにおこなわれる手段です。

プレゼンテーションは、社内や取引先にておこなうものだけでなく、上司・同僚・部下など対個人においても、自分の意見を通すためだったり、気持ちを理解してもらうためだったり、大なり小なり日々なんらかのプレゼンテーションをおこなっているはずです。

セミナーの講義や、コンサルタントのアドバイスも、相手に情報・条件・希望を提示して、理解を得るようにするためと考えられるので、これもプレゼンテーションですね。

それほどプレゼンテーションはビジネスシーンの中で当たり前におこなわれています。

成功者はこのプレゼンテーション力が非常に高く、相手に自分の提案を聴かせることに長けています。それは、話の組み立て方や話し方が上手である以前に、**相手に「この人の話を聴こう・聴いてみたい」と思わせるものがある**からです。

その順番、間違っていませんか？

プレゼンテーションをおこなうときは準備が大切ですが、ほとんどの人が以下の順番で取り組んでいると思います。

①プレゼンテーションの内容を考え、資料を作成する
②資料に沿った提案の仕方を考え、話し方を考える
③当日のプレゼンテーションに相応しい服装・見た目を整える

実は、この順番は間違いです。**相手に「この人の話を聴こう・聴いてみたい」と思わせるためには、逆の順番にして準備をすることがポイント**です。

つまり、次のような順番です。

①当日のプレゼンテーションに相応しい服装・見た目を整える
②提案の内容を考え、伝わるように話し方を考える

③プレゼンテーションの内容に沿った資料を作成する

人に話を聴いてもらうには、「①見た目②話し方③話の内容」となります。

どんなに立派な資料を作っても、話し方講座で学んでいても、**見た目がダメなら、プレゼンテーションの内容も「相手の持ったよくない印象」のまま**聴かれます。

そうならないためにも、この順番で準備をするようにしましょう。

Section
04
見た目ひとつで、印象は掴める

その印象・見た目で話を聴いてもらえるのか？

プレゼンテーションの内容、話し方から準備をすると、姿勢にまで意識が回らないまま時間切れとなることがほとんどです。そうなると、資料は完璧でも、いざ話そうと前に立ったときに「不安そう」に見えたり、「偉そう」に見えたり、「だらしなさそう」に見えたりします。

これでは、「この人の話を聴こう・聴いてみたい」と第一印象で惹きつけるどころか、悪い印象で惹きつけかねません。

これは私のクライアントの営業マンをしている方の話ですが、彼は美容商品を扱う会社で得意先回りを主にしていました。ところが、先輩から引き継いだ得意先から新しい発注をなかなか貰えません。得意先に新商品を持って行っても「ちょっと待ってて」と30分以上待たされることもあったり、「パンフレットあるなら置いてって」と話もろくに聞いてもらえなかったりしたそうです。

「自分のなにがいけないのか？　見た目は人より気を遣っているのに……」と思ったといいます。

確かに彼は、身なりは小ぎれいな営業マンなのですが、姿勢の悪さから「態度の悪い人」という印象を与えてしまっていたのでした。

致命的なのはひざを曲げて立つクセがあったので、立ち姿は大げさに言うと原始人。歩く姿も、ひざを曲げて歩く、いわゆる「ガニ股歩き」で、その姿は「だらしがなく、態度の悪い人」という印象でした。ひざからすべての姿勢が崩れ、自分が思っている以上に見た目で印象を悪くしてしまっていたのです。

このように**姿勢は、「相手にその人の内面までを印象付けてしまう」もの**であり、相手に話を聴いてもらえるかどうかの第一印象を決める大きなポイントとなります。

話す内容よりも、見た目が先！

人は話の内容に興味を持つより、その人の見た目から先に判断します。

先ほどの営業マンの彼は姿勢が悪かったために「態度の悪い人」と判断され、「どうせ仕事も嫌々やっているに違いないから、説明もろくにできないだろう」と思われていたのではないでしょうか。もし、あなたがこの彼のような経験があるなら、同じように姿勢が悪かったからかもしれません。

目の前の人を見て、「誠実そう」「仕事ができそう」「成功してそう」など、プラスの印象を持つことで、人は話を聴く姿勢になります。あなたもそうではないですか？

人は「耳より目が先に働く構造」になっているので、目からの印象が悪いと耳を傾けようとは思わないのです。

姿勢は話の一部

姿勢は、身体で作るものですが、姿勢はその人の「話の一部」です。姿勢が与える「相手を聴く気持ちにさせる」影響力は計り知れません。

「見た目＝姿勢」と言っても過言ではなく、どんなに高級なものを身に着け、髪型をキメて、身だしなみに気を遣っていても、その身に着ける身体の軸が曲がっていてはすべて台無しです。

姿勢は立ち姿や歩いている姿だけに関連しているのではありません。あなたが話そうとする、その話の一部でもあることを忘れないでください。

Section

05 姿勢がよい人の3つのビジネスメリット

姿勢はあなたの見た目を変える

あなたは自分の見た目に気を遣っていますか？　見た目は顔立ちや容姿とは違い、目にうつる様子のこと。つまり、「視覚から判断する雰囲気」ともいえます。**顔立ちや容姿は簡単に変えることはできませんが、見た目はいくらでも変えることができます。**

見た目を変えるといってまず思い浮かぶのは、洋服を変える、髪型を変える、持ち物を変えるということでしょう。自分の見た目を変えるということは、「自分はこう見られたいを表現すること」です。

ビジネスでは、「成功しているように見られたい」「仕事ができる印象を与えたい」などですね。実際に、見た目がよいと収入が3千万円も高くなるというデータもあるようです。

見た目に気を遣っているのに、なぜか自分が思うようにいかないという人は、ほぼ「姿勢が悪い」。いくら高級スーツを着ていても、清潔感のある髪型でも、ブランドバッグを持っていても、姿勢が悪いとすべてが台無しです。

姿勢を変えるだけで、ビジネスが変わる

では姿勢がよいと、どのようにビジネスが変化するでしょうか。姿勢をよくするだけで、さまざまなメリットがありますが、主に次の3つのメリットが挙げられます。

メリット1　周りから信頼されるので、重要な仕事が任されるようになる

姿勢がよくなると、顔つきが変わり、頼もしく見えます。姿勢を正すだけで、立ち居振る舞いも美しく堂々としてくるので、これまでと同じ動作をしても、「仕事に前向きな印象」を周りに与えます。

それが信頼感につながり、重要な仕事を任されるようになります。

メリット2　自信に満ちあふれて見えるので、話すことに説得力が増す

すっと自然に背筋が伸び、顔がキチンと前を向いている姿勢は、自信に満ちあふれて見えます。その姿はとてもスマートで、品格も感じられます。その堂々たる雰囲気は決して威張っているのではなく、自然です。

そのような人の話すことには、不思議と説得力が増します。上から押しつけてくるのではなく、媚びるのでもなく、自分の考えを堂々と話す姿に人は一目を置き、話を聴こうと耳を傾けるのです。

メリット3　こちらから営業をしなくても、向こうから話を聴きに来る

立ち姿や歩く姿が、自然体でありながらも堂々として見えると、なぜかその人の存在感を感じるものです。存在感のある人のことは気になります。

こちらから営業をしなくても、向こうから話を聴きに来てくれ、声を掛け色々と質問をしてくれたりするでしょう。営業しないと……と必死になる必要はなくなります。

話し方やスキルアップセミナーに行くのは後からでよい

近年、色々なセミナーや講座が開催されており、インターネットを使ったオンラインでの開催も増え、自宅にいながらにして学べる機会も増えています。ビジネスのスキルアップのために参加されるのは大変すばらしいことなのですが、その前に姿勢を正しく整えることが何よりも大切です。

以前にも私のレッスンに来てくださっていた生徒さんが、話し方のセミナーに参加したり、起業セミナーや自己啓発セミナーなどにも積極的に参加したりしていました。しかし、姿勢が悪かったため、人から誤解される印象を持たれ、なかなかご縁がつながらなかったそう。

それが、レッスンを受けて姿勢が整ったとたん、話を聴いてもらえるようになり、その後に「また会いましょう」と連絡をいただく機会が増えたそうです。「姿勢が整うだけで、こんなに変わるなんて……」と驚かれていました。

今、なにか学ぼうと思っているなら、まずは姿勢を整えることから始めましょう。

Section

06

自信を姿勢で表せる人の存在感と説得力は絶大

どんな人の話を聴きたいと思うのか

私たちは日々、さまざまな場面でプレゼンテーションをおこなったり、聞いたりし、そこから判断して決定・決断していることが多くあります。

選挙もそのひとつですね。あなたは選挙の候補者の中から選ぶとき、何を基準にしていますか？　まずは候補者が掲げる政策や公約を知ることだと思いますが、その前に見た目でも判断していないでしょうか。

実際に、候補者の顔を一目見て、顔だけから選挙結果を予測することが出来るという研究結果があります。その研究によると、とりわけ容姿が優れる候補者ほど、選挙でより多くの票を得る傾向にあるとのことです。本来なら候補者本人の政策や公約で判断されるはずの選挙結果まで、見た目の印象が強く影響するのです。

掲示板に並ぶ選挙ポスターの候補者たちの顔写真を見て、人が興味を持つのはどんな人でしょう。やはり容姿は興味のポイントになりますよね。そして、その次に、興味を持った人の政策や公約を知りたい、と思うのではないでしょうか。

自信と意気込みを感じられる姿勢

それが街頭演説での立ち姿全体になると、さらに姿勢の影響は強くなります。なぜなら、姿勢からその候補者の自信を感じるからです。日本という国をよくしたい、という意気込みが姿勢から伝わってくる。この人に一票を入れてみようと思うのは、そんな自信と意気込みを感じるからだと思います。

姿勢が選挙の一票に影響していることを知っている候補者が、選挙前に姿勢のレクチャーを受けていることも少なくありません。

それほど、**よい姿勢は「人から興味を持ってもらえる第一歩」であること**、また**「自分**

の話に耳を傾けてもらう大きな要素」であるのです。

選挙を例に出しましたが、ビジネスにおいても同様で、自信を姿勢で表すことができたなら、堂々たる雰囲気で説得力はさらに増すでしょう。

営業しなくても、立っているだけで営業になる立ち姿がある

選挙の候補者の例でもわかるように、立ち姿がよければ、その人の存在感を感じて話を聴いてみたくなります。この存在感を人は「オーラのある人」と言ったりもしますね。**よい姿勢で立つ、ということは、それだけで存在感を増し、人の目を引きます。**

企業のブースが並ぶイベントなどで、ブースの前に立っている社員が猫背で片足に重心をかけて立っていたら？　よほどその会社の商品やサービスに興味がなければ、その人から話を聴きたいとは思わないでしょう。

しかし、よい姿勢は、立っているだけで人の目を引くことができるのです。

社内でも、同じプレゼンテーション能力を持った複数の社員がいれば、姿勢がよい社員を人前に出る役目につけるでしょう。なぜなら、存在感があるからです。**存在感がある、ということは「話を聴いてもらえる確率が上がる」、つまり「契約になる可能性が高い」**ということになります。

よい姿勢で立つ、立ち姿が美しい人は、存在感があります。若々しく見えますし、仕事にも前向きで、デキるイメージを持たれます。その人から存在感というパワーを感じることで、「この人から話を聴きたい」「この人から商品・サービスを購入したい」「この人と仕事をしたい」という気持ちを引き出しやすくなるのです。

Section

07

成功へのスピードが加速する姿勢の力

背筋が伸びている人を、人が信頼する理由

姿勢が悪く、背中の丸まっている人は、自信なげに見えます。ビジネスにおいて自信なげに見えるというのは、仕事において成果を上げる確率が低そうだと思われるため、信頼されにくく、重要なポジションにつけないということが往々にしてあります。

ビジネスで評価されている人というのは、「いつも前向きな言動である」「いつも忙しそうにしているけれど、楽しそうに働いているのが分かる」「失敗をしても諦めず、ピンチをチャンスに変えていく」など、バイタリティにあふれる態度で仕事と向き合っています。このように仕事をバリバリこなす人を「バイタリティのある人」と形容されることも多いですね。

この「バイタリティ」は、語源がラテン語の「命」を表現する英語の名詞ですが、生命力や活力・体力・生活力・活気・元気・持続力・持久力など、まさに生命力が強い様子を表す言葉です。その意味の通り、バイタリティにあふれる人は、周囲からの高い評価や信頼を得て、社会的成功者になることが多いでしょう。そして、このバイタリティを周囲が感じ取るかどうか、の判断の中で重要なのが「姿勢がよいかどうか」ということです。

よい姿勢は「生き様の魅力」も最大限に引き出す

バイタリティがある人は、いつでも、どのような場面であっても姿勢がよいので、堂々として見えます。その姿勢のよさに周囲は力強さを感じ、信頼感を増していきます。

花もいきいきと咲きほこっているときは、陽の当たる方向に向かって咲いていますが、しおれてくるときは花が下を向きます。人も同じで、背中が曲がっていてうつむいている人の姿は、花がしおれるのと同じく生命力を感じないので、その姿を見ると人は不安を感じるのです。

よい姿勢になることは、人が持つ本来の生命力や活力、そして生き様の魅力を最大限に引き出すことでもあります。社会的成功者になりたいなら、自分自身のもつ「生命力」を活かし、それを最大限に活用し「バイタリティのある人」に変化していきましょう。

姿勢は「心の状態」を表す

人は見た目でその人のイメージを勝手に膨らませるものですが、**姿勢をよくするということは「人にこういうイメージで見られたい」を自ら作り出せることであり、姿勢によって自分の心の状態を示せる**ことでもあります。

姿勢には、学歴・年収・能力・経験値などは関係なく、ビジネスにおいて最も重要である「人と人との信頼関係」を築きやすくする基本的な要素が詰まっています。

誰でも「仕事にも人生にも前向き」な、信頼できる人と仕事をしたいはず。まずは、姿勢に意識を向ける。そこから成功へのスピードが加速し始めます。

Chapter 02

こんなにすごい姿勢の効果

02

Section

01

第一印象は3秒で決まる

たった3秒で自分の印象が決まってしまう

成功するために、「見た目」がどれほど重要かということがわかる法則があります。それが「メラビアンの法則」です。

「見た目」の印象は、パッと見た瞬間のたった3秒で決まってしまう、と聞いたことはありませんか？

「姿勢をよくすること」が見た目にどのような効果をもたらすのか、また見た目がよくなることでなぜ成功するのか、ということが、メラビアンの法則を知ることでより理解できるので、ぜひ知っておいていただきたいと思います。

では、具体的にメラビアンの法則について解説しましょう。

印象を決めるのは、視覚情報

「メラビアンの法則」は、コミュニケーションの概念であり、「人と人とのコミュニケーションにおいて、相手のどういった情報が印象に影響するのか」といったことを実験して、その結果を数値化したものです。これは、1971年にアメリカ・カリフォルニア大学ロサンゼルス校の心理学名誉教授であったアルバート・メラビアンが提唱しました。

このメラビアンの法則は、別名「7－38－55ルール」といわれます。これがどういったルールかというと、実験によってわかった「言語情報」「聴覚情報」「視覚情報」の割合をそのまま示したものです。

メラビアンは、人が人とコミュニケーションをとるとき、言語・聴覚・視覚の3つの要素をもとに相手を判断していると仮定し、実験をおこないました。その結果、人に影響を与える割合が、言語・7％、聴覚・38％、視覚・55％ということがわかったのです。

この結果から、**人は言葉よりも、目から入る表情・態度といった視覚情報の方が強い印象を受けるということ、その視覚情報によって、その後のコミュニケーションにも大きな**

影響を与えることが明確となりました。

非言語コミュニケーションだけで93％もの影響を与える

メラビアンの法則によると、コミュニケーションを取る際に、相手への印象に与える影響は、非言語コミュニケーション（ノンバーバル・コミュニケーション）の視覚・聴覚だけで93％とほとんどを占めているということがわかっています。**言葉による言語コミュニケーションより、態度や表情、ジェスチャー、声のトーンなどの非言語コミュニケーションが人に与える影響が非常に大きい**ということです。

たとえば、「ムスッとしてありがとうと言われた」なら、あなたはどう感じますか？　ムスッとされていたことのほうが印象に強く残ってしまうのではないでしょうか。反対に「笑顔で注意された」場合、笑顔のほうが印象に強く残るので、注意された内容は残らず、また同じことをしてしまう可能性が高くなるでしょう。

このように、メラビアンの法則の「7－38－55ルール」に照らし合わせると、視覚情報の55％の要素が印象に強く残るということが理解できるかと思います。

言っていることと見た目を一致させる

プレゼンテーションの前に、準備をおこなう順番を「7－38－55ルール」に当てはめると、

①当日のプレゼンテーションに相応しい服装・見た目を整える（視覚）
②資料の提案の仕方を考え、内容が伝わるように話し方を考える（聴覚）
③プレゼンテーションの内容に沿った資料を作成する（言語）

この順番で準備をすることがよいということがわかると思います。この順番で準備をすると、プレゼンテーションの内容（言っていること）と見た目が一致し、矛盾がなくなり、さらに印象が強くなるので、あなたの提案などが受け入れてもらいやすくなります。このように、見た目で印象を強く残せるのが「よい姿勢」なのです。

Section

02 よいご縁をつなぐのは「名刺」ではなく「姿勢」

姿勢の効果をなめてはいけない

メラビアンの法則から、言っていることと見た目を一致させないと、「本来の自分ではない、間違った印象を相手に与えてしまう」という可能性が高くなることがわかっていただけたかと思います。

それでは、「初対面の人に名刺を渡して自己紹介をする」シーンを例に、姿勢が与える印象を見ていきましょう。

名刺を渡すのは、自分のことを知ってほしいからですよね。しかし、「自分に興味を持ってもらって、よいご縁をつなぐ」ための最初のきっかけを作るのは、「名刺」ではなくあなたの「姿勢」です。

メラビアンの法則「7－38－55ルール」を思い出してください。これでいうと、視覚情報（見た目）が55％、聴覚情報（声のトーン）が38％、言語情報（名刺・自己紹介の内容）7％となります。**あなたが名刺を渡そうと相手に近寄った瞬間の3秒で、もうあなたの印象はほぼ決まっている**のです。あなたの声も、自己紹介の内容も、見た目より後です。

それほど、姿勢の効果をなめてはいけないということです。

よいご縁がつながらなかった理由は……

「言語情報」「聴覚情報」「視覚情報」に矛盾があると、相手にあなたのことが正しく伝わりません。

たとえば、名刺を渡すときに、いくら立派な名刺を渡して自己紹介をしても、背中を丸めて上目遣いで話せば、**「言語・聴覚・視覚」の3つの情報が一致しているとは言えず、そこに矛盾が生じて相手からの印象は悪くなる**でしょう。

「名刺交換は何度もやったけれど、なかなかよいご縁につながらないなぁ……」という方は、この3つの情報が一致していなかったのかもしれません。

名刺の渡し方がスマートでも、自己紹介がよくても、姿勢が悪いと「見た目」という視覚情報55%、つまり全体の半分以上が「よくない印象」になります。逆に、見た目からの印象がよければ「言葉や話す内容もよい印象」に強めてくれます。

「姿勢」は立っている姿勢だけじゃない

名刺交換の際、名刺を相手に渡すシーンだけを想定していると思いますが、**相手の視界に入った瞬間からあなたの姿勢（見た目）は、あなたがどんな人物かを判断される材料になっています。**

相手の視界に入る瞬間はそのときどきで異なります。お互いが立っていて近寄っていくのか、相手が座っているところに自分が立って近寄るのかなど、相手の視界のどこからどんなシチュエーションであなたが登場するかは、その場にならないとわからないものです。

猫背で近寄り、名刺を渡す段階になって背筋を伸ばして名刺を差し出しても、猫背で近寄ってくるのが相手の視界に入っていたら、その時点でもうあなたの印象はほぼ決まっています。

姿勢はその場限りの付け焼刃でどうにかするものではなく、いつも、どんな場面でも、よい姿勢のまま、流れるように動けなければいけません。

たとえば、椅子から立ち上がって名刺をいただく場合や、名刺交換が終わってお互いが離れるとき、などすべての場面であなたの姿勢はつながっています。

こういった場面は、ビジネスでは名刺交換だけでなく、上司に呼ばれて立ち上がる、取引先の会議室に入る、商談が終わって取引先の方と別れる、などあげればきりがないほどあります。

そのときに、**相手の視覚にどれだけあなたの情報が印象よく入るかは、どんなときも流れるように動ける「よい姿勢」にかかっている**でしょう。

Section

03

第一印象がよくないと、覆すのに半年もかかってしまう

最初に得た情報が持続する「初頭効果」

私がこれほどまでに第一印象にこだわるには理由があります。それは、人や物事に対して「最初」に示された情報が、もっとも記憶や印象に定着しやすいとされる心理効果があるからです。これを「初頭効果」といい、最初に得た情報が強い印象として残り、その後の情報の選択や解釈に影響を与え、結果として、全体的印象を方向づけたり決定してしまったりします。

つまり、**人間関係では最初に見た第一印象次第で、その後の関係が大きく変わってしまうのです。**

初頭効果は、ポーランド出身でアメリカを中心に活動した心理学者、ソロモン・アッシ

ュが1946年に、人の外見や性格など、観察者が確認することのできる限られた情報から、その人物の全体的な印象を形づくる実験をおこない、初頭効果を実証したものです。

実験では被験者を2つのグループに分類し、ポジティブな性格とネガティブな性格のどちらかを先に書いた情報を与え、それを読んだあとに、観察者に対する印象のインタビューをおこないました。

その結果、ポジティブな性格を先に書いた情報（ほがらか・正直・信頼できる ↓ 用心深い・短気・嫉妬心が強い）を与えた被験者は、観察者に対して比較的よい印象を持ったのに対し、ネガティブな性格を先に書いた情報（用心深い・短気・嫉妬心が強い ↓ ほがらか・正直・信頼できる）を与えた被験者は、観察者に対して比較的悪い印象を持った、ということでした。

このように、まったく同じ性格特性であっても、情報が表示される順番が違うだけで印象が変わることが分かったのです。

初頭効果は半年も持続する

私たちは実際に初対面で会った人には、この実験のようにあらかじめ性格を書いたものを渡し、情報を与えるわけではありません。では、なにで最初の情報を得るのでしょうか？
それが、メラビアンの法則の視覚情報であり、その人をパッと見たときの第一印象です。

第一印象は3秒で決まるのに、一度印象づけられたイメージ（初頭効果）はおよそ半年も持続します。そして、そのイメージを覆すのには3か月から半年かかると言われています。

もし、よくない第一印象を持たれてしまったら、それを覆すのには3か月から半年かかるわけです。このタイムラグは、その後の関わりの頻度や関わり方によって変わるものですが、およそ半年にも渡り、相手に「よくない第一印象」を引きずられてしまうというのは、考えるとちょっと怖い話だと思いませんか？

第一印象を覆すための努力は「時間と労力の無駄」

第一印象がよければ早くスムーズに良好な関係を構築できたはずなのに、第一印象がよくないと、相手が持ってしまったよくないイメージを覆す努力も必要となります。この努力は本当に時間と労力の無駄です。自分の中身は同じで、ただ相手からの第一印象が違っただけなのですから。

初頭効果をうまく使うなら、**「第一印象をよくしておけば、それが半年続く」**ということです。それなら、姿勢をよくして相手に好感を持ってもらえばいいのです。

半年の時間を一度持たれてしまったよくないイメージを覆す時間に使うのではなく、その時間を「姿勢をよくする」努力に使いましょう。そうすれば、その後出会う人によい第一印象を持ってもらえるようになり、多くの素晴らしいご縁がつながっていきます。どちらが人生において得かは、考えなくてもわかりますね。

だからこそ、相手にどのような第一印象を持たれるかが非常に重要であることを、私は常々お伝えしています。

Section

04

100万円のスーツより、タダの姿勢

高いスーツを着ていても、姿勢が悪ければ台無し

ビジネスにおいて重要なポイントのひとつに、「身だしなみ」があります。その中でも、「ビジネスにおける戦闘服」と言われるスーツは、自分に似合うものであり、かつジャストサイズ、そして仕事が出来るように見られることや好感度が高くなるように、と意識して購入していると思います。

もちろん、スーツだけでなく、靴、ビジネスバッグなどの持ち物、髪型などが合わさって全体の印象になりますが、その中でも戦闘服と言われるだけあって、スーツは大きくその人を印象付けるアイテムです。

もし、商談の場にやって来た人がヨレヨレのスーツを着ていたら「仕事が出来なさそう」

という印象を持つでしょう。それは、「だらしなさそう」という印象がそのまま、まだ一緒に取り組んでいない仕事への評価につながるからです。

そのようにスーツはビジネスマンにとって見た目の印象に直結するので、オーダーメイドでスーツを作るビジネスマンも少なくありません。高級なスーツだと100万円を超えるものもあります。

しかし、そんな**100万円を超えるような高級スーツをも台無しにしてしまうのが姿勢**です。姿勢が悪ければ、見た目の印象はイッキに下がってしまいます。せっかく自分に合うジャストサイズで作っても、姿勢が悪いとスーツに変なシワが入ったり、ジャケットやパンツの丈が変わったりするので、だらしなく見えてしまうからです。

安いスーツでも、姿勢がよければ印象はよくなる

社会的地位の高い人は、やはり高級なスーツに身を包み、高級な靴やバッグを持っていることが多いです。それは、見た目の印象が非常に大事なことを知っているから。

でも、まだまだこれから……の人が無理をして高級品に身を包まなくても、印象をよく

する方法があります。

それが「よい姿勢」です。安いスーツでも清潔なものを着て、キレイに磨かれた靴を履き、身ぎれいにして姿勢をよくする。たったこれだけで100万円のスーツに匹敵する力を持ちます。


なぜなら、人は3秒で第一印象が決まるからです。パッと見た瞬間、人が着ているスーツが高級かそうでないかの判断ができる人はそうそういないでしょうし、着ているものが高級ならその人をよい人と判断する、という人も少数派ではないでしょうか。

高級なスーツを着て印象が悪い人よりも、安いスーツを着ていても印象のよい人に、人は「この人と話してみたい」「また会ってみたい」と思うはずです。

そんなよい姿勢の人がやがて社会的地位を上げていき、高級なスーツを着るようになれば、完璧な戦闘服を着こなすビジネスマンとなり、圧倒的なオーラを身にまとうことになります。

姿勢は、一度身に着けたら永遠にタダ

スーツや靴などは、日々身に着けることによって必ず劣化していきます。ですから、どんなに高級なものを買っても、やがては買い替えるときがきます。高級なものを頑張って買っても、買い替えることができる経済的余裕がないと苦しいですよね。ならば、**高級なスーツを買う前に、まずは「よい姿勢」を身に着けておきましょう。**

モノは消耗品ですからコストがかかります。しかし、**よい姿勢は一度身に着けたら永遠にタダ**です。見た目が変わり、第一印象をグッとよくしてくれる、これほどコストパフォーマンスに優れているものはそうそうないと言えるのではないでしょうか。

Section

05

悪い姿勢は緊張までも伝えてしまう

緊張を高める姿勢で話していませんか？

ビジネスでは、提案する・意見の交換をおこなうことが必要とされ、時によっては人前に出てプレゼンテーションをおこなうこともあるでしょう。

しかし「人前に出るのが大好きで、人前で話すのが得意」という人より、「人前に出ると、どうも緊張してうまく話せない」という人のほうが多いのではないでしょうか？

緊張する人は、緊張しないためにいろいろと工夫をしていることと思います。実はその工夫の中に、**「緊張を高める姿勢」**があることをご存知ですか？

普段、姿勢がよくないのに、その場だけ姿勢をよくしようとしてやってしまいがちな姿勢で、それがさらに緊張を高めることになっているのです。

それは「気をつけ」の姿勢で立つ、ということです。

人前で話すとき、背筋を伸ばして、堂々と見せたいがために、「気をつけ」の姿勢をとる人が多くいます。「気をつけ」の姿勢＝よい姿勢と思ってしまうのは、子どものころの「気をつけ、前にならえ」の刷り込みがあるからでしょう。

しかし、**緊張を和らげるという意味で、この「気をつけ」の姿勢はおすすめしません。**この姿勢は身体に力を入れて立つため、緊張感を高めてしまい、心臓の鼓動が速くなり、声が出づらくなります。

その場だけのよい姿勢は、身体が緊張する原因

このように普段、よい姿勢ができていない人が、人前に立つときだけよい姿勢に見せようとしてやってしまうのが「気をつけ」の姿勢です。両足を揃えて立ち、大きく胸を張ってしまう。これでは、呼吸がしづらくなるので緊張するのは当たり前です。

身体が緊張すると、その緊張感は相手に伝わります。それは、自然体ではないということ

と。重要なプレゼンテーションをおこなうときなどは、多少緊張感は必要ですが、不必要な緊張感は相手の緊張を誘い、かえって堅苦しい場になって、さらに緊張感が高まるでしょう。そうなると話しにくさが増します。

ただでさえ人前で話すのが苦手なのに、その場がガチガチの雰囲気になれば、緊張して声がうわずったり、噛んだり、思ったように話を進められなかったりして、さらに人前で話すのが苦手になりますよね。

このように**その場だけのよい姿勢（と思っている姿勢）は、無意識に身体を緊張させ、またその緊張感を相手に伝染させてしまう**のです。ですから、普段から「自然によい姿勢でいられるようにしておく」ことが重要です。

そうすることで、人前に出ても普段どおりのよい姿勢でいられます。それはあなたにとっての自然体ですから、余計な緊張をすることなく人前で話すことができるようになります。

姿勢がよいと、呼吸がしやすく声も出やすい

身体が緊張状態のときは呼吸が速く浅くなっています。これだと、話すときに息が続かなかったりして、声が出にくいですね。

猫背や「気をつけ」の胸を張る姿勢は、空気を取り込む胸の動きが制限されて呼吸が浅くなってしまうので、呼吸数を増やさないと酸素が足りない状態になります。これは、身体的にもメンタル的にも常に不安にさらされているといえます。ということは、緊張がより高まり、不安も呼び寄せてしまうことになりますから、プレゼンテーションの場では本来の自分の力を出し切れません。

それがよい姿勢で話すと、胸が開くので呼吸がとてもしやすくなり、声も出やすくなります。立ち姿やジェスチャーが自然に見えるだけでなく、よく通る声が出て、自然な話し方になります。そんな姿に安心感を持ち、信頼を感じて、相手もあなたの話に真剣に耳を傾けてくれるでしょう。

Section

06 よい姿勢は集中力もアップする

猫背・ストレートネックがもたらすもの

近年、パソコンやスマートフォンの登場により、ビジネスでも長時間のパソコン作業をおこなうことや、電車での移動中や自宅でも、暇があればスマートフォンを見ていることが増えています。それによって、猫背・ストレートネックの人が増えています。これらはまさに「現代病」といえます。

猫背は背中を丸めるので、胸を圧迫し、呼吸が浅くなるため、十分な酸素を取り入れられなくなります。脳が酸素不足になると、眠くなる、集中力が途切れる、などの症状が現れるようになり、パフォーマンスが低下します。

また、ストレートネックは頸椎《けいつい》の自然な湾曲がなくなり、肩こりや頭痛、ひどい場合は頚椎ヘルニアになることもあります。さらに、脳から頚椎を通って全身に張り巡らされている神経を圧迫、また脳への血行を阻害するために、内臓の不調やうつ症状を促すとも言われています。

つまり、姿勢を意識して正していかないと、現代においてビジネスに必要不可欠なパソコン・スマートフォンを使えば使うほどに健康が阻害され、集中力が落ちてビジネスに悪影響を及ぼす危険性が高くなる、ということになります。

姿勢がよくなることで筋力・血流・集中力がアップ

姿勢がよくなると、自身がもつ身体的能力を高め、なにより健康になります。これは、ビジネスパーソンにとってなによりの財産といえるのではないでしょうか？　自分の姿勢が身体に及ぼす影響、それがビジネスに及ぼす影響をしっかりと認識してください。

では、姿勢がよくなるとアップする「筋力・血流・集中力」の3つについて説明します。

筋力アップ

よい姿勢でいる、ということは、毎日筋トレをしているようなものです。

よい姿勢や動き方を意識するだけで、自然と体幹を鍛えられます（体幹とは、頭部と手足を除く胴体のこと）。

姿勢がよくなれば、自然と体幹部や腰の周りの筋肉を使うので、その部分が鍛えられていきます。また全身が刺激され、これだけでエネルギー消費がアップします。姿勢よく歩けば、下肢三頭筋（ふくらはぎ）やハムストリングス（太ももの裏側の筋肉）をしっかり使って歩くので、脚の筋肉の衰えを防ぐこともできます。

血流アップ

筋力がアップすれば、血流もアップします。血流をよくするには、約70％の筋肉が集まっている下半身を鍛えることが大切です。姿勢がよくなれば日々歩いているだけで筋力がアップし、「第二の心臓」とも呼ばれるふくらはぎの筋肉も鍛えられるため、自然と血流がアップします。

また、血流を妨げる猫背・ストレートネックも改善されていくので、胸郭の動きが制限されていたことが原因による浅い呼吸や、湾曲によって伸ばされ細くなった血管が正常になります。これにより新鮮な酸素を含む血流量も増え、脳へ酸素やブドウ糖といった栄養が十分に運ばれることになります。

集中力アップ

筋力がアップすることで、血流がアップします。すると、脳へ酸素や栄養がしっかり運ばれ、脳の活動が活発になり、頭が冴え集中力がアップします。

また、よい姿勢でいることで抗重力筋（地球の重力に対して姿勢を保つために働く筋肉のことで、下腿・大腿・腹部・胸部・首の各部前後に張り巡らされている）が働き、覚醒水準が高まり、やる気スイッチがオンになるので、仕事もはかどるようになるでしょう。

姿勢が悪い時点で、脳の働きは低下しています。「筋力低下は集中力低下につながる」と言われるのは、このような筋肉アップ↓血流アップ↓集中力アップの流れからです。つまり、「筋力アップは集中力アップにつながる」ということなのです。

Section

07 姿勢と思考パターンは関連している

下を向けば内向き思考に・上を向けば外向き思考になる

「なんだか仕事の効率が悪いな……」と感じるときは、デスクワークが続いていたりして、同じ姿勢が続いていることが原因のひとつでもあります。

なかなか仕事モードにスイッチが入らないときは、脳の運動系回路が働いていないからです。背筋を伸ばしたり、少し歩いたりして体を動かすことで、脳の運動系の回路が働き始め、やる気スイッチがオンになります。

これだけでなく、**姿勢は思考パターンとも関連しています。下を向けば内向き思考に、上を向けば外向き思考になるのです。**

ですから、猫背などで姿勢が悪いと、視線が常に下を向いているのでぼんやりとしがちで、思考も内向きになってしまいます。

反対に視線を上げたときは、視覚が広くなることで目に入る情報を取り込み、外の世界とのつながりを強める外向き思考になります。

姿勢が悪いと「後ろ向き」思考が定着していく

視線が下を向くことで活性化するのが、デフォルト・モード・ネットワークといわれる、ぼんやりした状態の脳がおこなっている神経活動です。

デフォルト・モード・ネットワークが活発になると創造力が高まり、いろいろなアイデアが浮かんできやすいというメリットもあります。ぼんやりしているときにハッとひらめくことが多いのはこのためです。有名な「考える人」の彫刻はまさにその姿勢ですね。

その一方で、「考えすぎ」による脳疲労のデメリットもあります。視線が下を向いていることで、過去の記憶の検索がおこなわれ、ぼんやりと「あのときもっとこうしていたら……」「あの人が言ったあの言葉ってどういう意味だったのかな……」など、過去の嫌な記憶や将来への不安が次から次に湧いてきてしまい、疲れてしまうのです。

このように、**姿勢が悪いと自然とデフォルト・モード・ネットワークが活性化し、いわゆる「後ろ向き思考」になりやすく、これが自身の思考のパターンとして定着していくの**です。

よい姿勢は「前向き思考」になる

よい姿勢は視線が上がるので、視界が広くなり、脳内では注意喚起のネットワークが働きます。それによって、外からの情報を取り込み将来のことを考えたり、やるべきことへの意欲が増したり、いわゆる「前向き思考」になります。

よい姿勢でいることで視線が前や上を向き、「前向き思考」が思考パターンとなり定着していくので、いつもイキイキとしていて朗らかで前向きな人、と人の目に映ります。好感度が上がりますね。

姿勢で思考を切り替えよう

成功したいビジネスパーソンとしては目線を上げて前向きにいきたいところですが、いつも前向きばかりだと休まらないでしょうし、ときには意識してデフォルト・モード・ネットワークを活性化させてぼんやりする時間も必要です。

ですから、それぞれの思考モードのメリットとデメリットの両方を把握したうえで、脳内モードのスイッチを適切に切り替える必要があります。そのスイッチのひとつが姿勢なのです。

集中力を上げてバリバリ働きたいなら、背筋を伸ばして視線を上げる。アイデアを出すなど創造を促したいとき、情報を処理したいとき、リラックスしたいときは、「考える人」の姿勢で視線を下げる。

このように**姿勢というスイッチで、オンとオフに切り替え、そのときどきに適した状態にする**こと。これを知っておくだけで、あなたの思考を切り替えやすくできるでしょう。

Section

08

成功への近道は、よい姿勢から

自分の姿勢が悪いと自覚している人が約7割

「マイナビウーマン」の20代〜60代の男女500人を対象にした「自分の姿勢に自信がありますか?」という調査によると、なんと約7割もの人が自分の姿勢について「悪い」「どちらかと言うと悪い」と回答しています。

これまでよい姿勢になることで得られるさまざまなメリットをお伝えしてきましたが、この**よい姿勢になることで得られるメリットを、約7割もの人が放棄している状態**と言えるでしょう。

自覚しているのに、対策してない人が多い姿勢

次に興味深いのが、「姿勢改善のためにしていることはありますか？」という質問に対しては、５００人中半数以上の２７６名が「何もしていない」と回答しています。

姿勢が悪いと自覚しているのに、姿勢をよくするための対策を何もしていないのです。「忙しくて時間がない」などの理由もあるでしょうが、「どのように改善していけばいいかわからない」という人もきっと多いのではないでしょうか。

自分の姿勢について

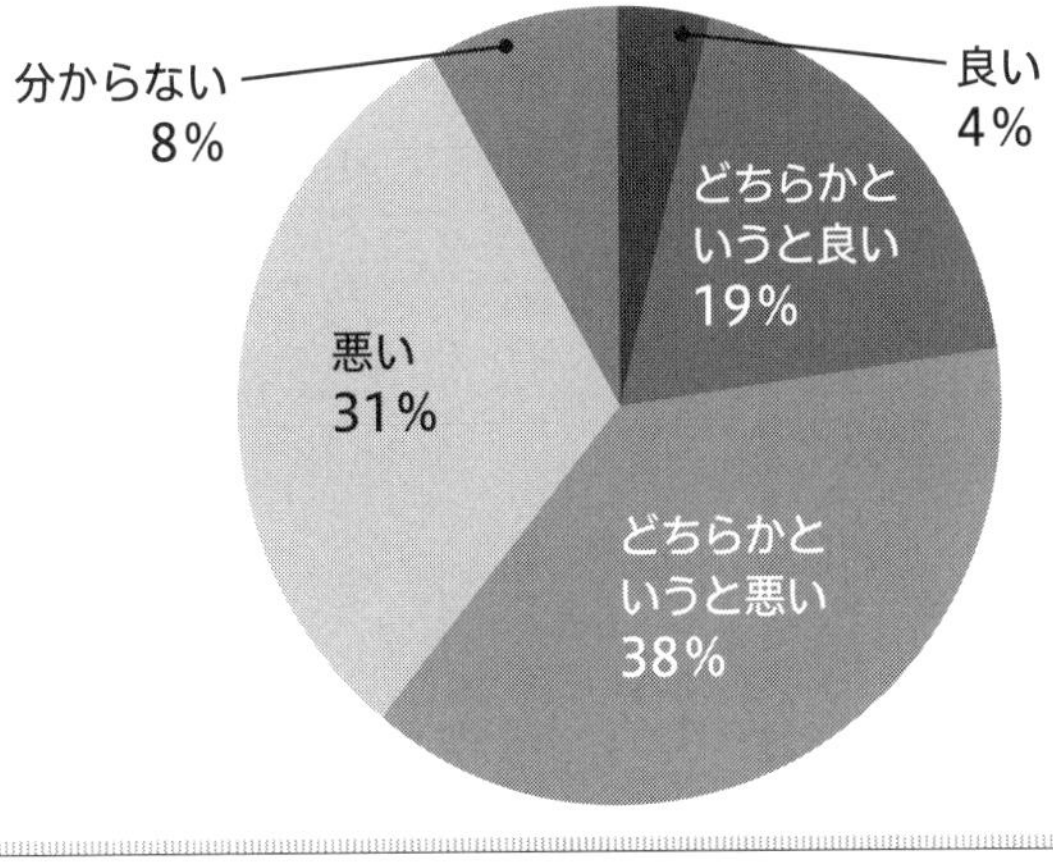

成功したいなら、今がチャンス

姿勢をよくすることは、成功への近道です。ビジネスにおいて、そして人生においても成功を手にするでしょう。

姿勢がよくなることで**第一印象がよくなり、見た目がよくなることで人間関係の構築がスムーズに**なります。これは信頼され人脈が拡がり、そこからよい情報が集まるようになり、大きな仕事を頼まれたりするようになっていくことにつながります。思考が変わり、集中力もアップするので、きっとよい仕事ができるでしょう。

姿勢改善のためにしていることはありますか？（複数回答）

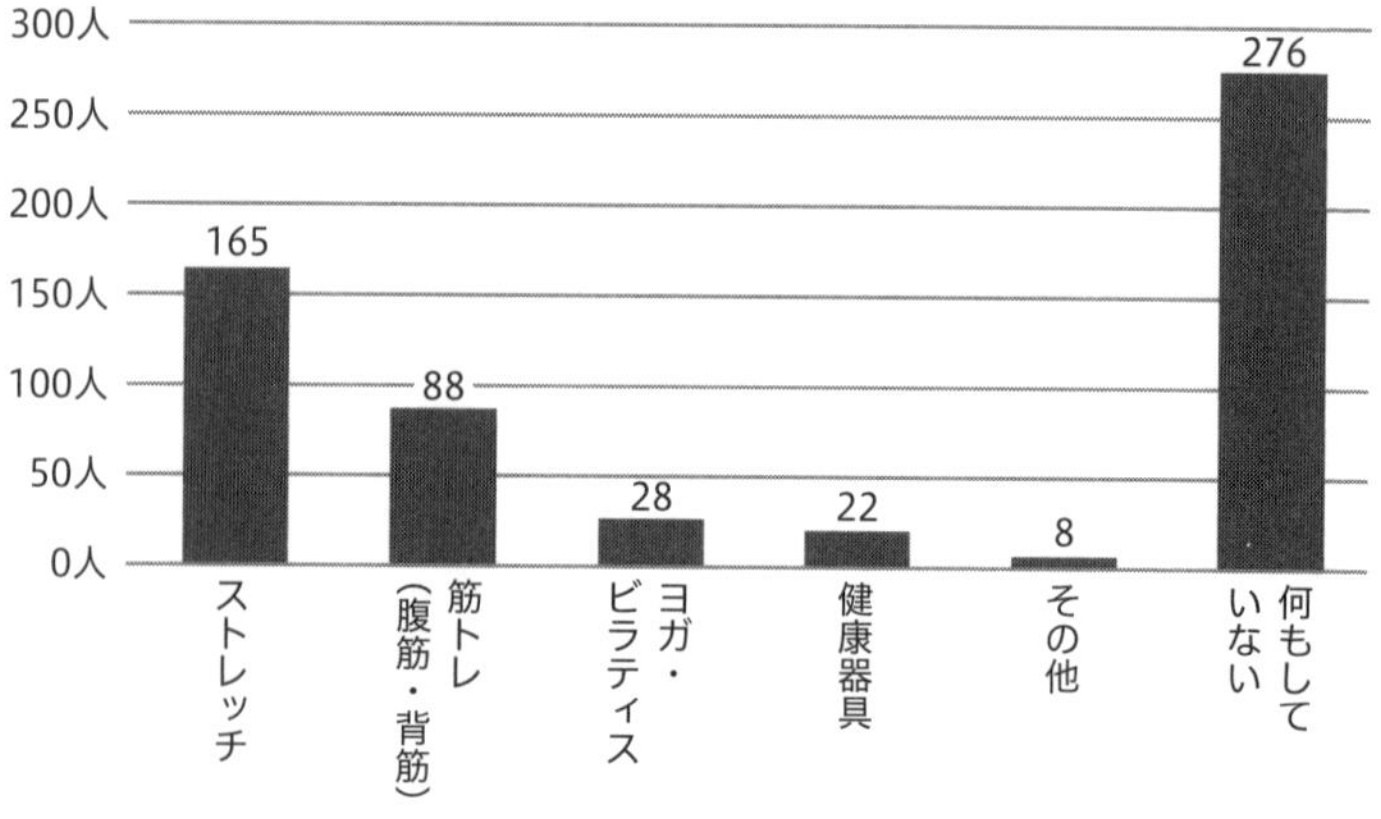

また、姿勢がよくなると**筋力・血流がアップし、基礎体力がつきます。**それだけでなく**ダイエット効果**もありますから、さらに見た目の印象がよくなりますね。基礎体力がつけば健康寿命も延ばせますから、人生100年時代を自分の足で長く歩いて生きられるということになります。

これほど人生を変えるパワーがある姿勢なのに、姿勢が悪いことを自覚しながら、姿勢をよくするための対策をとっていない人が半数以上もいるのです。これは、チャンスだと思いませんか？

なぜなら、あなたの成功の道のりの中にライバルが少なくなるからです。**姿勢がよいことで手にする成功へのカギを、まだ持っていないライバルが半数以上いる**ということです。これってすごいチャンスです。

第一印象の好感度が、ほかの人を抜いてダントツ1位になり、ほかの人よりも社会的地位のある成功者たちから可愛がられ、人脈が大きく拡がる機会も増えるでしょう。あなたのプレゼンテーションに真摯に耳を傾ける人が増え、取引につながるところが増える可能性だって高まります。

姿勢がよくなることで広がる可能性は数えればきりがないほど。なのに、改善しようとしていない人が多い今、**一足先に気付いたあなたは成功への近道の切符を手に入れたとい**うことです。

では、次章からよい姿勢になる方法を具体的に説明していきましょう。

Chapter 03

まだ胸だけ張ってる

03

Section

01

間違いだらけの、よい姿勢

よい姿勢は「気をつけ」ではない

姿勢は私たちが生きている間、日々かかわりがある大事なものです。立つ・座る・歩くといった日常動作がすべて姿勢によって成り立っています。人の身体は骨と筋肉があり、それらを正しく使うことで、健康維持に役立ち、運動能力が上がり、また学習能力の発達にもつながります。

戦後すぐには学習指導要領に「姿勢」の項目があり、「よい姿勢を発達させ、身体の均整な発達を促し、筋の柔軟性と関節の可動性を高めるとともに（矯正）運動にも役立つようにする（文部省・１９４９年）」という記述がありました。

姿勢といえば、思い出されるのは「気をつけ」の姿勢ではないでしょうか。学校で、「気をつけ、礼」「気をつけ、前にならえ」といった動作を教えられてきた人は多いと思います。ですから、よい姿勢というと「気をつけ」の直立不動の姿勢をとってしまう人が少なくありません。

「気をつけ」の姿勢をとるには次のように身体を動かします。

1. 両足の踵をつける
2. つま先を少し開く
3. 両ひざをつけて伸ばす
4. 腰を伸ばす
5. 胸を張る
6. あごを引く
7. 口を閉じる
8. 真っ直ぐ前を見る
9. 肘を伸ばす

10. 手は真っ直ぐに伸ばし、中指がズボンの線に沿うようにする。

このように見ると、なるほどよい姿勢っぽいですね。実際にこの通りにすると、次ページのような姿勢になります。

実際にこの通りの姿勢で立ってみてください。身体に不自然な力みが入っていることを感じると思います。呼吸も浅くしかできませんね。実は、この**「気をつけ」の姿勢はとてもバランスが悪い立ち方**なのです。

とくに「胸を張る」ことをよい姿勢と捉えがちですが、胸を張ると腰をそってしまうことが多く、いわゆる「そり腰」になります。この姿勢はバランスが悪く、腰痛の大きな原因となります。

習わないとわからない「よい姿勢」

姿勢は私たちの日常に密接にかかわっているのに、私たちはよい姿勢をきちんと習う機

NG・気を付け！

会がありません。せいぜい、前述した「気をつけ」を習うくらいです。ですから、よい姿勢と言われると「気をつけ」の姿勢をする人が本当に多いのです。

よい姿勢とは、「力学的に安定しており、長時間に及んでもあまり疲労しない姿勢」のことです。また、**「健康で心理的にも安定して、外観が美しい姿勢」である**こと。つまり、バランスが取れ、同じ姿勢でも疲れず、その状態で心地よくいられて、見た目もスマートにみえる、ということです。

そして、**もっとも重要なポイントは「自然とその姿でいられること」**です。「気をつけ」は自然な姿ではありませんね。長時間気をつけの姿勢でいると疲れます。ですから「気をつけ」はよい姿勢とはいえないのです。

習わないから悪い癖がつく

立ったり座ったり、私たちは死ぬまで姿勢とともに生きていきます。それなのによい姿勢を習う機会がないので、意識しないまま自分が楽に感じる姿勢をとり続けてしまいます。

そして猫背になったり、腰を曲げて座ったり、首が前に出たり……とその癖が強くなってしまい、やがてそれが「自分の姿勢」として定着してしまうのです。

親や先生から「ちゃんと座って勉強しなさい」「しっかり立ちなさい」などと注意されたことが、きっと過去に何度かあると思います。しかし、その注意のあとに「こうやって立つのよ」「こうして座ると身体も楽だし、背中がまっすぐになるよ」など、教えてもらった人は何人いるでしょうか？　おそらくほとんどないと思います。

そうして**よい姿勢を習うことなく、知ることもなく、自分が楽だと思う姿勢をとり続けた結果が、現在の姿勢**ということになります。

日常的に自然とよい姿勢でいられることがベスト

悪い姿勢が固定されてしまうと、よい姿勢でいなければいけないときだけ、姿勢を意識して整えようとします。

たとえば、試験などの面接のとき、人前に出てプレゼンテーションなどで話すとき、自分より役職が上の人や取引先の人に会うときなどですね。悪い癖を持つ姿勢の人は、そのような場面になると「気をつけ」の姿勢をとってしまうことが非常に多いです。

「気をつけ」の姿勢はバランスが悪いので、長時間は不向きな姿勢。ですから、途中で必ず姿勢が崩れてきます。大切な場面だけ姿勢を正しく整えるという器用なことはなかなか難しいでしょう。

そのような**大事な場面だけ意識するのではなく、日常的によい姿勢でいられることがベスト**なのです。それが自分にとっての自然な姿になれば、いつどのような場面でも、よい姿勢のあなたでいられるようになります。

Section 02

頭の重さを使って立つ

「頭の重さ」は思っている以上に重い

自分の体重は知っていると思いますが、自分の「頭の重さ」だけが何kgあるか知っていますか？　人体工学によると、頭の重さは成人で体重の約10％といわれています。体重が50kgだと約5kg、60kgの人で約6kg。思っている以上に重くてびっくりしますね。

これは、ボウリングのボールだとだいたい11〜13ポンドくらいの重さになります。自分の頭の代わりにボウリングのボールが乗っている……とイメージするとわかりやすいのではないでしょうか。ボウリングのボールを持ったことがない人は、お米5kg分、新生児2人分、スイカのかなり大きめの大玉と同じくらい、と考えてみてください。どれが乗っていても「かなり重い」ということがイメージできるかと思います。

このように重い頭を、人は起きている間支え続けて生活をしています。普段意識などしていないでしょうが、これほどの重さがあるものをずっと支えて動いていると考えると、首を支えている身体はなかなか大変です。

重い頭は身体に大きな負担をかけている

こんなに重い頭を支えているのは、頚椎（首の骨）を含む背骨と、首や肩、背中の筋肉です。スマートフォンを見る、パソコンのキーボードや書類を見るなど、うつむく動作だけで、頭の重さの数倍の負荷が首にかかるといわれています。

首が前に傾くほどに、それを支える頚椎にかかる負荷は増えていきます。首の曲がる角度が15度だと12kg、30度で18kg、45度で22kg、60度になると27kgの負荷がかかるのです。ですから、姿勢が悪いと最大で27kgもの負担をかけ続けていることになります。これは小学3年生くらいの子どもの平均体重に相当します。

総務省の研究班の調査によると、令和3年度のネット利用時間（スマートフォン・パソ

首にかかる負担

首を曲げる角度が大きくなると、首の骨にかかる負担が増える

コン）の平均は、平日・休日ともに１日約１８０分という結果となっています。つまり、１日約１８０分の間ずっと、首の後ろに小学３年生の子どもを乗せているのと同じ負荷がかかっていることになります。それでは肩も凝るし、姿勢も悪くなっていきますよね。

　姿勢が悪いと重い頭が身体よりも前に出るので、上半身全体が前に引っ張られることになり、悪い姿勢の代表「猫背」が完成されてしまうのです。

　とはいえ、スマートフォンやパソコンを使わないとビジネスも成り立たない時代です。**自分の姿勢を守るために、重い頭をできるだけ負担のないように支える姿勢を早く身に着けましょう。**

頭を環椎後頭関節にしっかり乗せよう

　頭の重さを使って立つには、重い頭と背筋をまっすぐに意識し、頭を身体の中心に乗せることが大事です。そこでポイントになるのが「環椎後頭関節《かんついこうとうかんせつ》」。ここは首の一番上にある関節で、小さな関節ですが、重い頭を支えている大切なところです。この関節に正しく頭が乗れば、脊柱と頭がニュートラルな状態でつながり、首が安定します。

「環《かん》椎《つい》後《こう》頭《とう》関《かん》節《せつ》」は、人差し指で耳の裏の突起（乳様突起）を探し、そこから前に移動させたところのくぼみが環椎後頭関節の位置です。首と頭の境目にある関節で、首の一番上の骨（第1頸椎・環椎）と後頭部の骨（後頭骨）をつないでいます。

ここに頭を正しく乗せることを意識しましょう。

環椎後頭関節

Section

03

身体のパーツの重さを使ってバランスをとる

よい姿勢は、身体のパーツの位置バランスが整っている

現代では首が前に突き出た姿勢の人が非常に多く見られます。このように身体のどこかの位置がずれると、身体は無意識にバランスを取ろうとするので、普通なら負荷がかかるはずのない場所に負荷がかかるようになります。そうすると、さらに姿勢が悪くなるという悪循環となります。

よい姿勢は、身体のパーツの位置がそれぞれバランスよくあることで作られます。どこかのパーツの位置がずれると、すべてのバランスが崩れてしまうので、ここでは上半身のパーツについて説明しましょう。

頭を正しい位置に戻すことが基本

まずは、身体の中心に重い頭を乗せることを意識しましょう。身体の中心がよくわからない場合は、身体を前後に揺らして身体の中心を見つけてください。頭が前に出ているときには、太ももの前で体を支えるので、太ももの前に力が入ります。反対に頭が後ろのときには、お尻や太ももの後ろで支えるので、身体の後ろに力が入ります。頭が中心にきたら、身体の前と後ろのどちらにも均等に力が入りますので、それが頭の正しい位置になります。

つまり、**「首の後ろ側を意識して、そこに頭の重さを乗せると自然と背骨に乗る」**ということです。これで重い頭が安定します。

頭が正しい位置になければ、ほかのパーツを正しい位置にしたとしても一瞬でバランスが崩れます。まずは、頭を正しい位置に戻すこと。この頭の位置を意識するだけで、よい姿勢に大きく近づいていきますよ。

腕は前ではなく、後ろにおろす

では、ここで質問です。自分の腕の重さはご存知ですか？　おそらくほとんどの人が「わからない」と答えると思います。

片腕の重さは、体重の約7％ほどです。つまり、体重50～60kgの人なら、片腕は約4kgということになります。筋肉のつき方によってこれより軽かったり重かったりはしますが、おおよそこれくらいと考えてください。自分の胴体から、片方ずつ約4kgがぶら下がっているのです。ちょっと大きめに生まれた新生児が両方にぶら下がっている感じでしょうか。

OK・頭の位置

この重い腕が猫背で前に出ていると、片腕約４ｋｇもありますから、さらに上半身を前に引っ張ります。頭を正しい位置にしても、腕のバランスが悪ければ、せっかくまっすぐにした身体がまた前に倒れていく……というのはイメージできますよね。

そこで腕のおろす位置を、前にダランとおろすのではなく、体側に沿わせます。このとき腕に意識を向けるのではなく、頭の位置を正しく置いて、肩の位置を意識しましょう。つまり、猫背だと肩が前へ出ているので、これを後ろへ引くのです。**肩甲骨をグッと中央に（真ん中に）寄せるようにすると、自然に腕は身体に沿います。**

このように、自分の身体のパーツの重さだけでバランスを取るようにすれば、身体に負担がかからず、よい姿勢を作っていけます。

OK・腕の位置

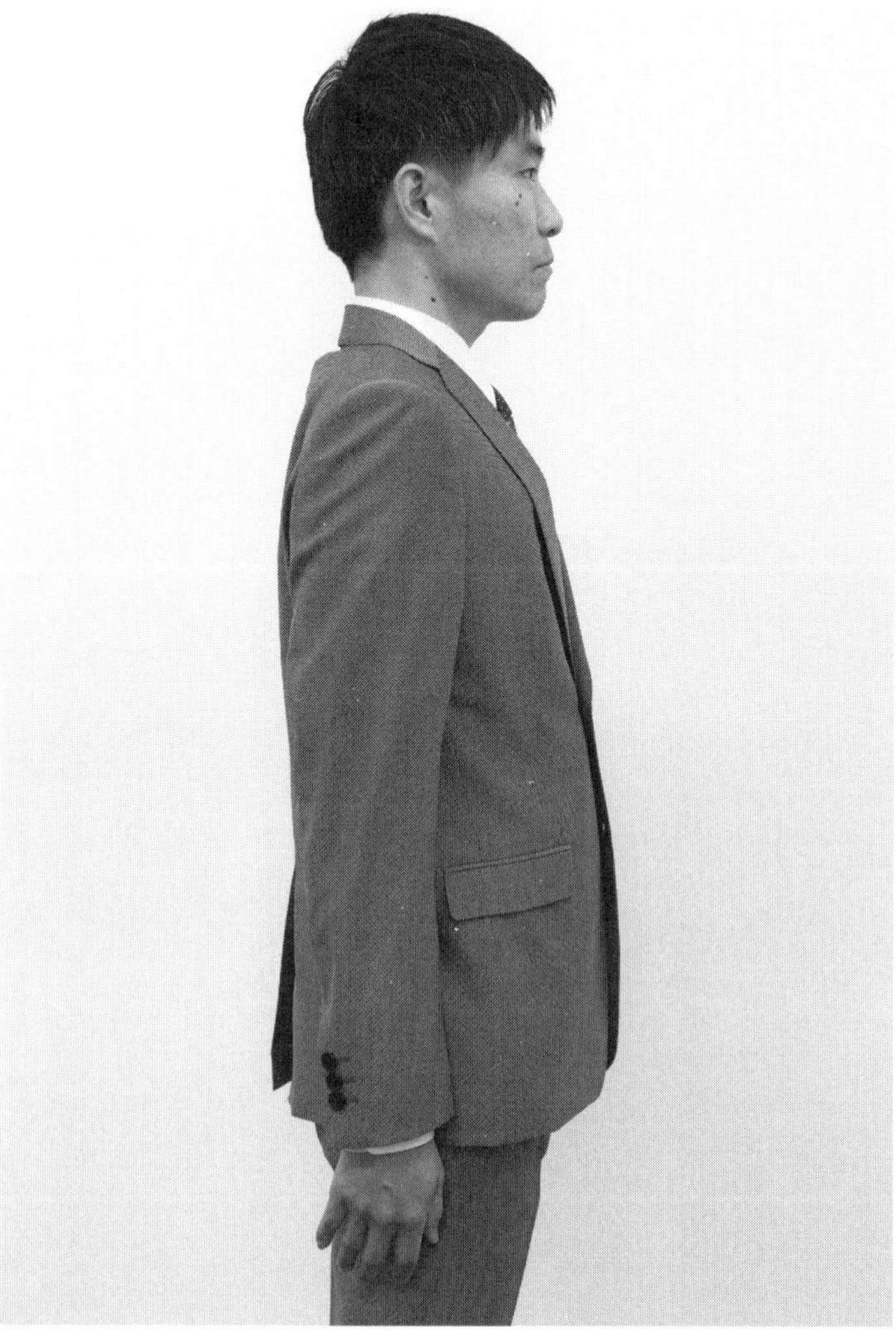

Section 04

あごが出ていると疲れて見える

あごひとつで第一印象を下げてしまう

猫背になると、あごが鎖骨より前に出て、首が前に突き出たようになります。あごが出ていると、マイナスイメージの印象を相手に与えてしまうので、注意が必要です。

まず、あごが出ていると疲れて見えます。マラソンランナーが疲れてきたとき、あごを上げているのを見たことがあるでしょう。より酸素を取り入れようとしているということもありますが、前方に進もうとする力を、上半身を前に傾けてカバーしているのです。

このように上半身が傾くのを、あごを上げてバランスを取っているのですが、首が不安定に揺れ、苦しそうに見えますよね。

あごが出ている状態は、口がポカンと開きやすいし、目はトロンと半開き気味になりやすい。この表情は疲れている顔なので、相手からは「生気のない人だな」「お疲れなんだな」というように見られてしまいます。

ここで思い出してほしいのが、**「3秒で第一印象が決まる」ということです。あごが出ている、たったそれだけで半年間「疲れていて元気のない人」というイメージを持たれてしまうのです。**

あごが出ていると、無気力な表情を作り出す

あごが出ていると、無気力な表情を作り出してしまうのには理由があります。あごが上がると、背中から頭、顔、首の前側にかけての筋肉、それを覆う筋膜に加わる力のバランスが崩れます。すると、縮んだ頭の後ろ側と、伸びている首の前側が引っ張りあいをしている状態になり、ほおから下部分にある顔面の筋肉がいっせいに、下方への力を受けてたるみます。

筋肉がうまく使われないと、その影響がダイレクトに顔に表れるのです。ですから、**猫**

背でいつもあごが出ていると、疲れた無表情な顔になり、そのまま生気のない表情が固定化されてしまいます。

姿勢は顔の表情にも大きな影響を与えるのです。

健康にも影響が……

このほかにも、あごが出ることで健康にも影響が出ることがあります。あごが出る姿勢が日常化すると、首の骨である頸椎に負荷がかかります。頸椎のクッションとなる椎間板の中にある髄核という組織のズレにより椎間板が変形し、周囲の組織が損傷され、痛みが出る危険性が高まります。

NG・あごの位置

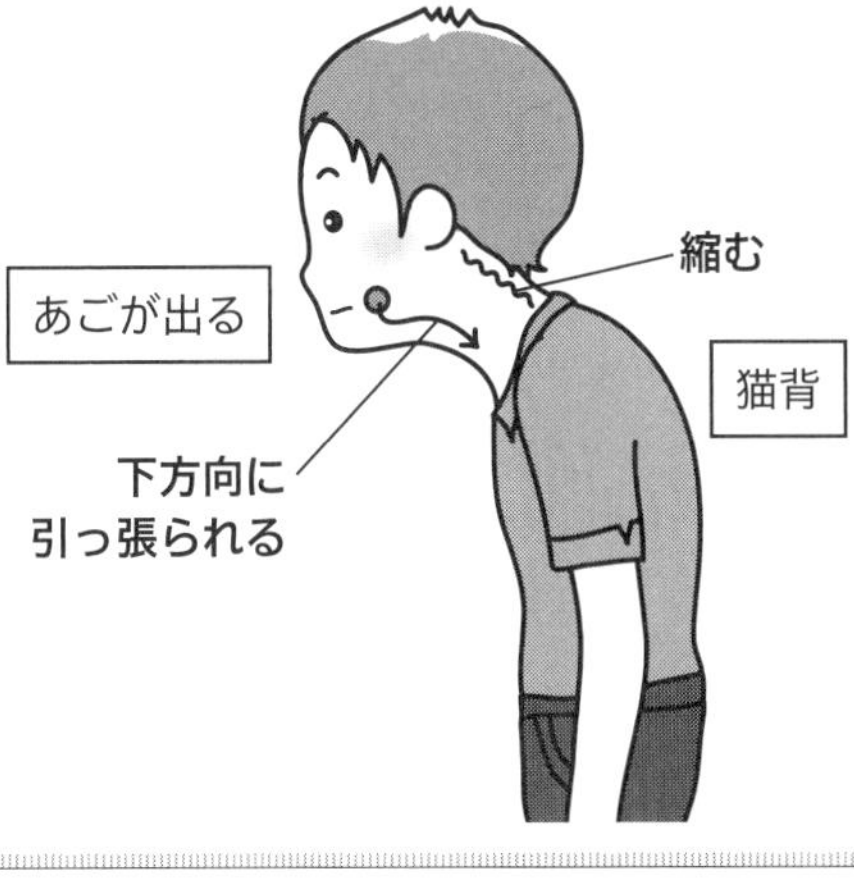

首や肩の凝りが強い、頭痛が頻繁に起こる、首を回しにくい、首を動かすとゴリゴリといった音がする、手指や腕が痺れる、腕を上げにくい、といった症状が出てくることもありますので、注意が必要です。

また、あごが出ると、お腹の力が抜けやすく、これによってバランスが崩れて猫背になりやすいのです。**姿勢が悪いことであごが出て、あごが出るからより姿勢が悪くなる、という悪循環をエンドレスで続けてしまう**ことになります。

あごを正しい位置に戻す簡単な方法

では、あごを正しい位置に戻す簡単な方法をお伝えしますので、意識してやってみてください。

それは、「あごに人さし指を当てて、そのままあごを後ろに押す」です。こうすることで「環椎後頭関節《かんついこうとうかんせつ》」に正しく頭が乗ります。デスクワークの途中、スマホを見ているとき、など簡単にできますので、気づいたらこまめにおこないましょう。

人差し指であごの位置を正す

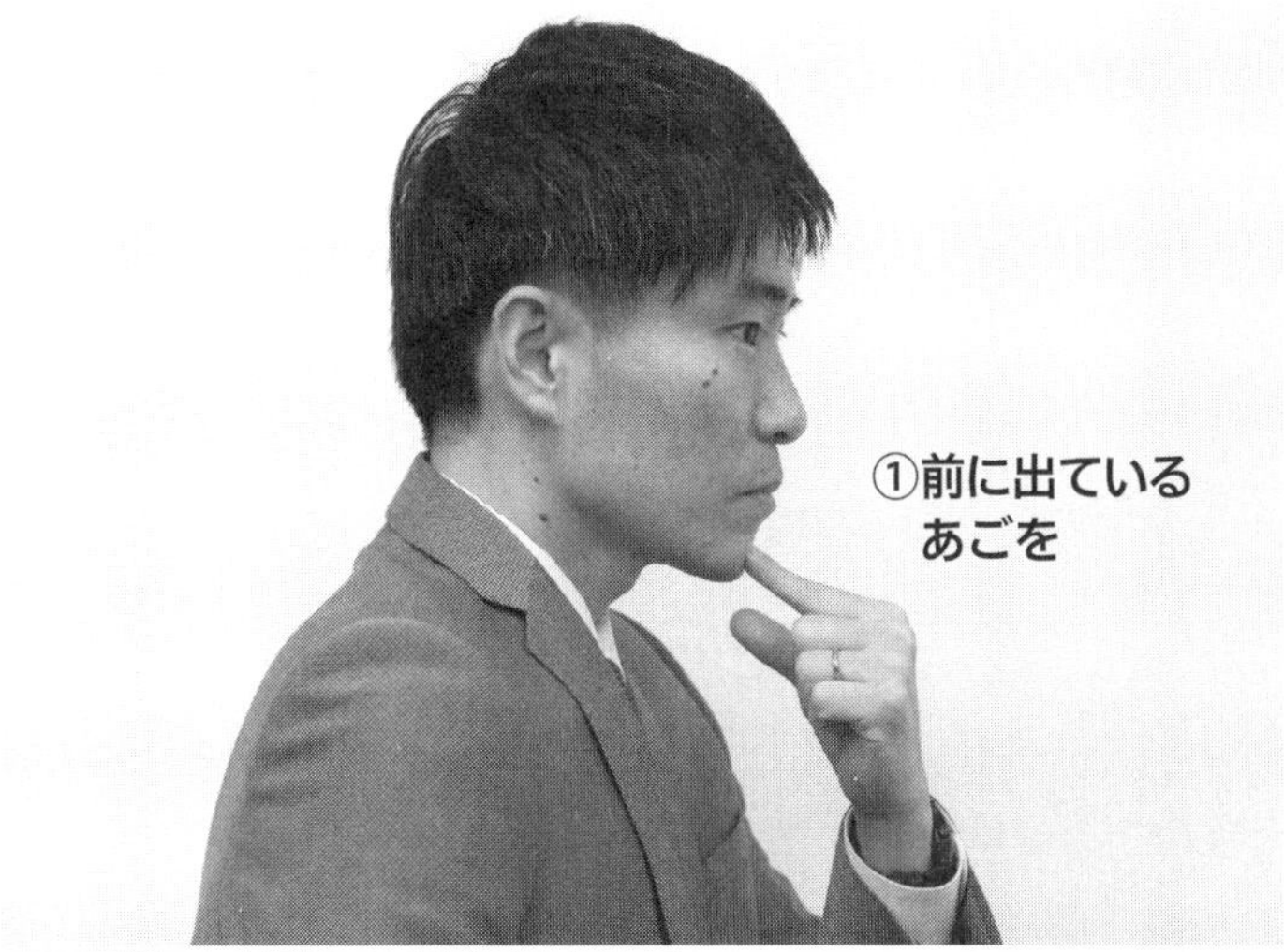
①前に出ている
あごを

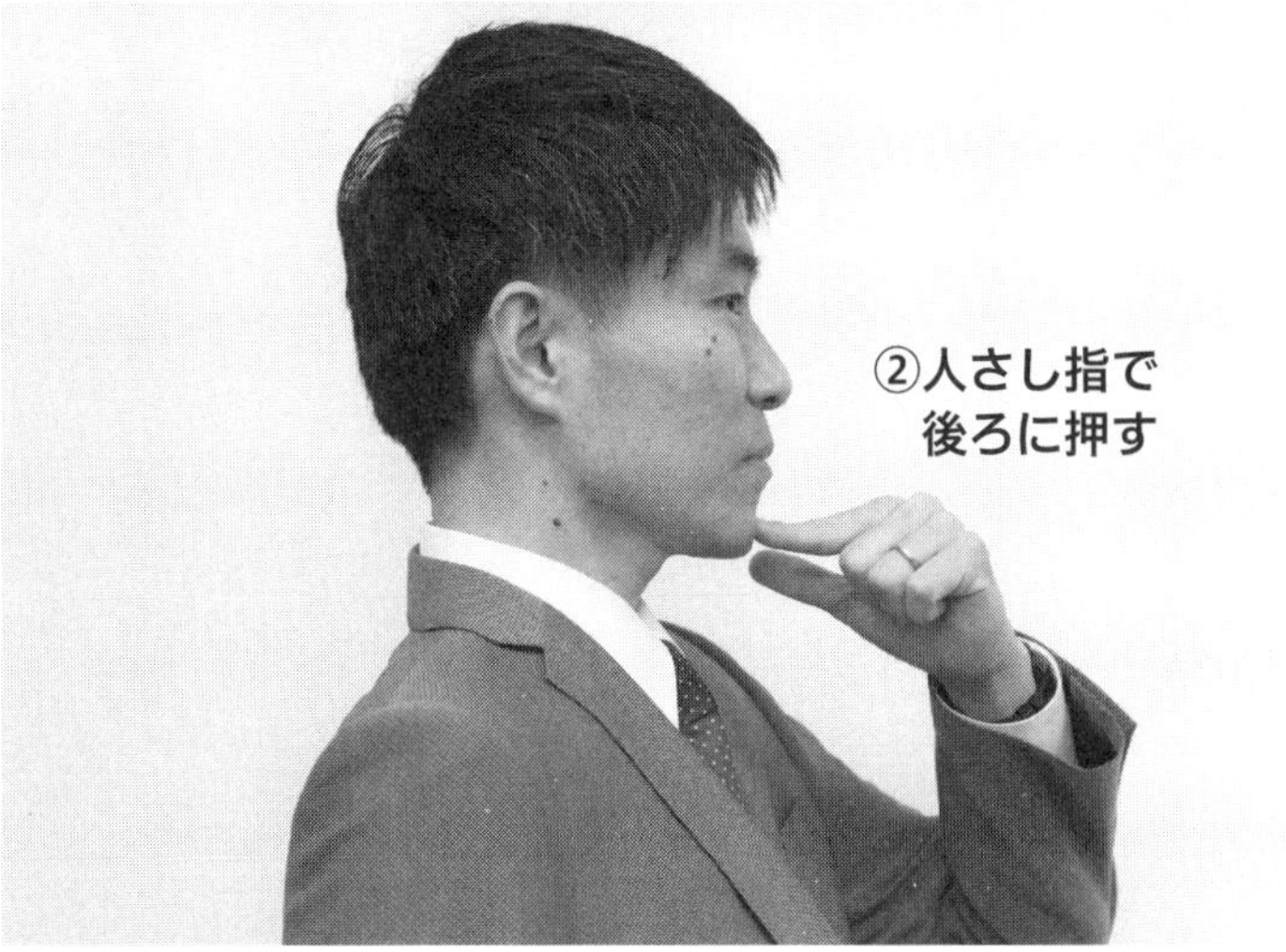
②人さし指で
後ろに押す

Section

05

鎖骨はハンガーの役目

スーツはしっかりしたハンガーにかけてこそ

あなたはスーツをいつもどんなハンガーにかけていますか？　クリーニングから返って来た細いハンガーにかけてクローゼットに保管していると、次に着ようとしたときにスーツのジャケットにシワが入っていたり、型崩れしていたりした経験はあるのではないでしょうか。

どんな上質生地の超一流スーツでも、細くてすぐに曲がってしまうようなハンガーや、折れたハンガーにかかっていてはスーツが台無しになってしまいます。

高級店でも、量販店でも、スーツはスラリとした姿勢のよいマネキンが着ているか、木製などの肩幅のあるハンガーにかかっていますよね。猫背のマネキンは見たことがないし、クリーニングから返って来たときのような細いハンガーにもかかっていません。それはスーツの形が悪くなり、見栄えがしないからです。

スーツの形をキチンと再現できるように、マネキンもハンガーも考慮されているのですね。

あなたの身体がハンガーになる

実はこれと同様に、**スーツを着こなすときは、身体のある部分がハンガーの役目をしています。それが「鎖骨」です。**

「スーツを着て数日経つと、スーツがヨレヨレになる」という人は、スーツの質だけでなく、あなたの身体がキチンとハンガーの役目をしていないからかもしれません。

鎖骨が前から見て、左右がV字型に上がって、怒った眉のようになっていませんか？

もし鎖骨が鋭くV字になっていたら、猫背で肩が内側に入っている状態です。曲がったハンガーの状態ですね。

これでは、スーツを美しく着こなせませんし、見た目も肩が上がることで、首が短く見えてしまいます。首が短いと、顔が大きく見えやすいので、いいことなしです。

スーツをカッコよく着こなすための「鎖骨」のポイント

鎖骨は身体の中心から左右に、横に伸びているのが綺麗です。こうすることで、鎖骨がスーツをカッコよく見せるハンガーの役目をしてくれます。鎖骨が横に伸びると、首も長くなり小顔効果もあるので、ネクタイもぐっと映えることでしょう。

V字型になっている鎖骨を横に伸ばすには、鎖骨に意識を向けるより、背中の「肩甲骨」

NG・鎖骨の形

前から見てこのように
V字になっているのはNG

に意識を向けて修正します。方法はとても簡単で、肩をぐるっと回して後ろでストン、とするだけ。

①両肩を前にもってきます。（背中が左右に広がる感じ）
②その肩を、耳に近づけるように、上にあげます。
③後ろにぐるっと大きく回します。
④肩が一番後ろに来た時に、すとんと真下に下ろします。
⑤おろした手の人差し指が、ズボンの横のラインにかかるくらいがベストです。

これで完成です。ポイントは肩甲骨を身体の真ん中をイメージして寄せる、ということ。肩は自然に下がり、立派なハンガーの完成です。

身体のハンガーが正しい位置にあると、スーツはより着映えするでしょう。また、型崩れも防ぐことができます。なにより、スーツをカッコよく着こなすあなたの第一印象が変わりますから、相手から好印象を持たれること間違いなしです！

肩甲骨からよい姿勢になる方法

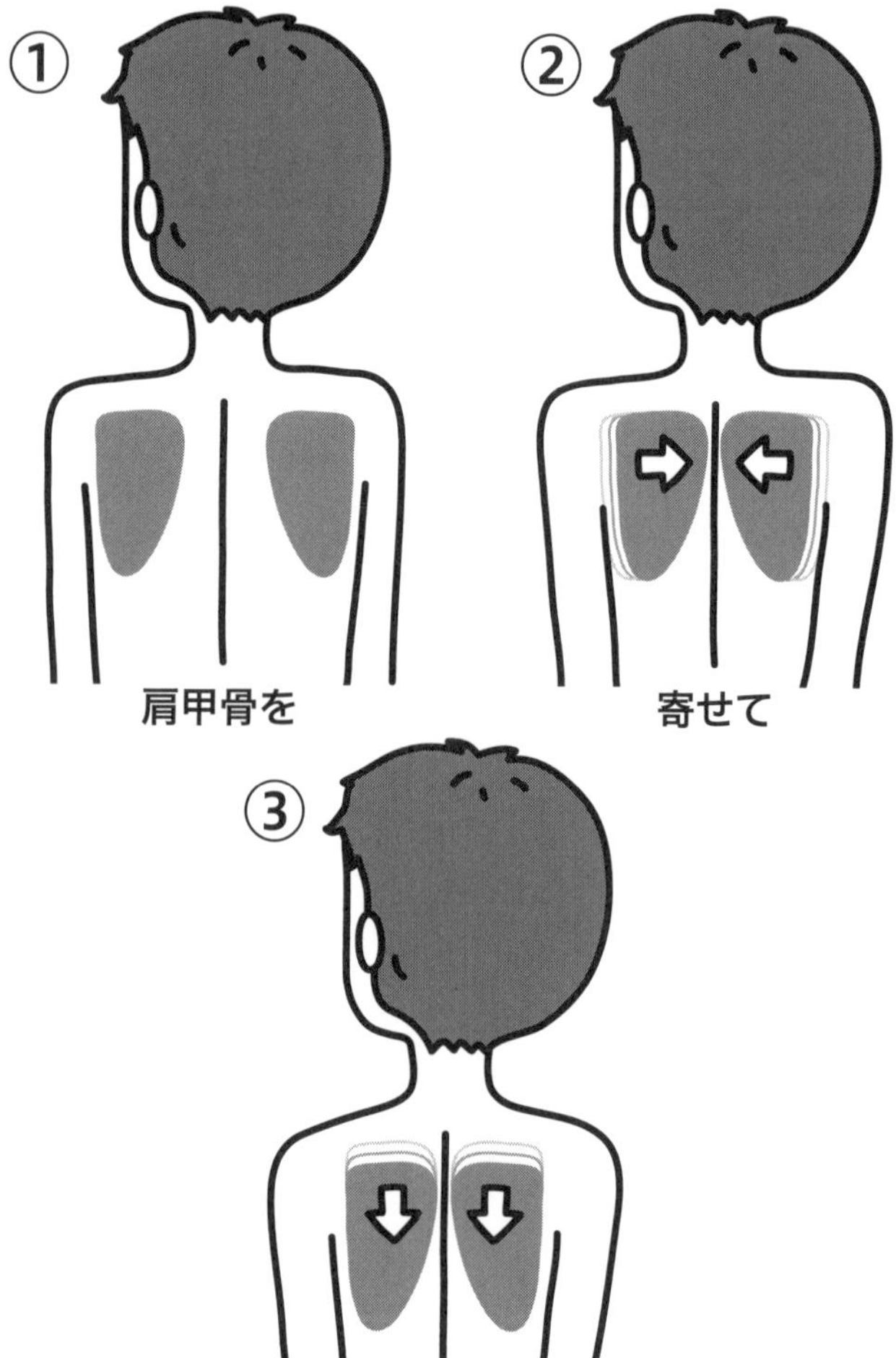

Section

06

初めは威張っているように感じる

その感覚は、姿勢が正しくなったということ

これまで姿勢が悪かった人が意識して姿勢を正していくと、初めは自分がロボットになったような感覚になると思います。これまで使っていなかった筋肉を使うようになるので、身体が緊張しているように感じるでしょう。

猫背が自分にとって当たり前の姿勢だった人が姿勢を正すと、やけに胸を張っているような気がするものです。猫背で前にズレていた姿勢の重心が、正しく中心に戻っただけなのですが、本人にとっては胸を張っているように感じるのですね。自分が威張っているような感覚になり、違和感を覚える人も多くいます。

このような感覚になるのは、姿勢を正していく過程の中では当たり前のことです。むし

ろその違和感という感覚が、よい姿勢になっているという証明ともいえます。最初は少し辛く感じるかもしれませんが、意識していくことでやがて習慣化し、よい姿勢が自然にできるようになります。

よい姿勢は、身体の4点が横から見たときに一直線になります。その4点とは、耳・肩・腰・くるぶしです。これは絶対に一直線上でないといけないというものではなく、一直線になるように整えるための目安として考えてください。

これまで無意識に悪い姿勢をとり続けてきた人が、一直線を意識して、よい姿勢へ変えていこうとすることが非常に大切なのです。

しんどくても「慣れさせる」こと

レッスンのあと、生徒さんが「教えていただいた姿勢を意識しているんですけど、よい姿勢でいることがしんどいです」ということをよく言われます。きっとあなたも、同じように感じると思います。

そこで覚えておいていただきたいのは、**「よい姿勢に変えていくのはしんどくて当たり前」**ということです。そして、その「しんどい」には理由があります。この理由がわかっていないと、「よい姿勢にしようと頑張る↓しんどい↓もうやめよう↓自分にとって楽な、よくない姿勢に戻る↓何も変わらない」となってしまいます。

よい姿勢がしんどい一番の理由は、**「よい姿勢を維持するための筋力がないから」**です。今まで楽な、よくない姿勢ばかりしてきているので、よい姿勢を維持するための体幹の筋肉を、ほとんど使っていないのです。

では、よい姿勢でいても、しんどくならないようにするにはどうしたらよいでしょうか？

それは**「姿勢を維持するための筋肉をつける」**ということです。

一番簡単に姿勢を維持するための筋力をつけられる方法は、**「できるだけよい姿勢でいるように心がける」**ことです。そうすることで少しずつ姿勢を維持する筋肉がついてきて、継続することでしんどさもかなり軽減していきます。

この日々の努力がよい姿勢へと変えてくれます。あなたが**長い年月をかけて作り上げたよくない姿勢を、変えようと日々意識してよい姿勢を継続する**ことがとても大切です。

4点が一直線になるように

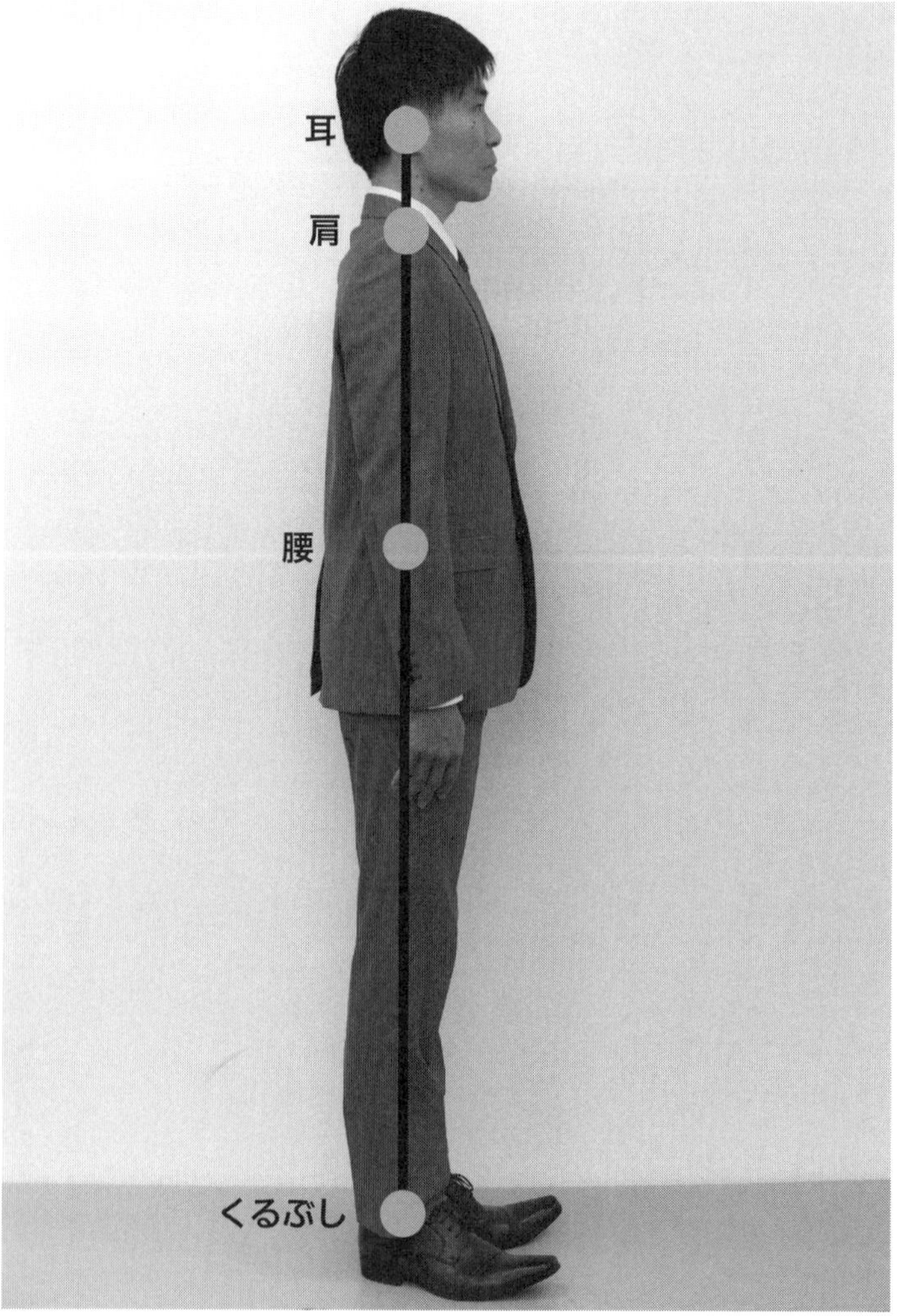

Section 07

姿勢は呼吸とメンタルに連動している

姿勢と呼吸の関係

「姿勢」は「呼吸」と連動しています。その理由は、どちらも使う筋肉がほぼ同じだからです。呼吸筋は、肋間筋、僧帽筋、脊柱起立筋、腹斜筋、腹直筋、横隔膜など「呼吸をおこなうために使われる筋肉」の総称ですが、この呼吸筋は姿勢を維持する働きも兼務しています。

つまり、**「姿勢の歪みは呼吸の乱れにつながる」**ということです。しかし、「姿勢と呼吸が連動している」と知らない人が多いのも事実。呼吸は生命維持にかかせないものですから、よい姿勢になることで、よい呼吸をおこなえることになり、あなたの健康に大きな影響を与えることになります。

肺は自らふくらんだり縮んだりすることはできません。肺は胸郭《きょうかく》という肋骨で覆われた部屋に取り囲まれていて、この胸郭が広がることで空気が入り、胸郭が狭くなることで空気が出ていきます。この胸郭を広げたり縮めたりするのが、胸郭のまわりの筋肉なのです。

背中が丸いと胸が狭くなりますから、肺が押しつぶされるような感じになります。そうすると呼吸がしっかりできず、浅い呼吸しかできません。浅い呼吸が続くと空気を十分に取り入れることができないので、呼吸を速くおこなってカバーしようとします。**姿勢の悪い人は、このように呼吸が浅く速くなるのが特徴**です。

よい姿勢は自然体

よい姿勢をとることで胸が自由に広がるようになり、呼吸がしやすく、身体も楽になります。呼吸に意識を向けてみると、吐く息で体の力が抜けて、吸う息で姿勢が自然と伸びていく感覚があると思います。呼吸は身体をゆるませたり、緊張させたりしながら、身体のバランスをとってくれているとも言えます。

この自然な呼吸ができる状態が、身体が自然体でいられるということです。身体が自然体でいられると、本来自分が持っている能力も最大限に活用できる状態になるので、前向きに物事に取り組むことができるようになります。

姿勢と呼吸が整うと感情が安定する

怒りや悔しさ、悲しみなどのネガティブな感情になったときに呼吸が乱れた経験はありませんか？　喜怒哀楽の感情によって呼吸の深さや速さ、回数などが変化し、これを「情動性呼吸」といいます。

もともと持っている性格から不安やストレスが大きい人とそうでもない人という個体差はありますが、不安やストレスが多い人は、呼吸が浅く、速くなり、1分間の呼吸回数が多くなるということがわかっています。反対に不安が少なくストレスもあまりない人は、呼吸が深く、ゆっくりしたスピードになり、1分間の呼吸回数が少なくなっているのです。

姿勢が悪いと胸郭の動きが制限されて呼吸が浅くなってしまうので、呼吸数が増えることになり、さらに不安やストレスが助長される可能性があります。姿勢が悪いがために浅くて速い呼吸が続くということは、身体的にもメンタル的にもさまざまな悪影響が及ぶといえます。

現代はストレス社会。常にストレスにさらされ、不安を抱えている人も少なくないでしょう。その原因を根本から取り除くことは難しくても、姿勢を意識して変えることはできます。

姿勢が変われば、呼吸が変わり、感情も変えることが可能です。つまり、姿勢が悪くキチンと呼吸ができていない状態から、姿勢をよくしてなおかつ呼吸を意識して深くゆっくりすることで、感情を安定させることができるのです。

Chapter 04

自信は腰から

04

Section

01

座りすぎで、腰が固まっていませんか？

座る時間の長さランキング世界一の日本

現代人は1日の約60％を座って過ごすと言われています。あなたは毎日、何時間座っていますか？　デスクワークが多いなら、短くてもトータル5時間は確実に座っているのではないでしょうか。

シドニー大学が２０１１年に行った「世界20か国における平日の総座位時間」の調査では、日本人が1日に座っている時間はサウジアラビアと並んで４２０分（7時間）と最も長いことがわかっています。調査協力を得た世界20か国の平均は、３００分（5時間）ですから、日本は平均より2時間も多いという結果です。

世界第1位といっても、健康面から見てこの結果は喜ばしいものではありません。また、このデータは10年ほど前のものですから、今はリモートワークやオンラインセミナーなどによって、さらに増えているはずです。

日本人のデスクワーカーは、勤務中の約8割を座って過ごしているといわれており、世界一勤勉であるという国民性を裏付けているともいえます。ほかにも近年、パソコンが普及し、ビジネス形態も変わってきていることも大きな要因でしょう。

座っているときのほうが、腰への負担は大きい

座っているときと立っているときでは、どちらが腰に負担がかかっていると思います

世界20カ国の平日の総座位時間

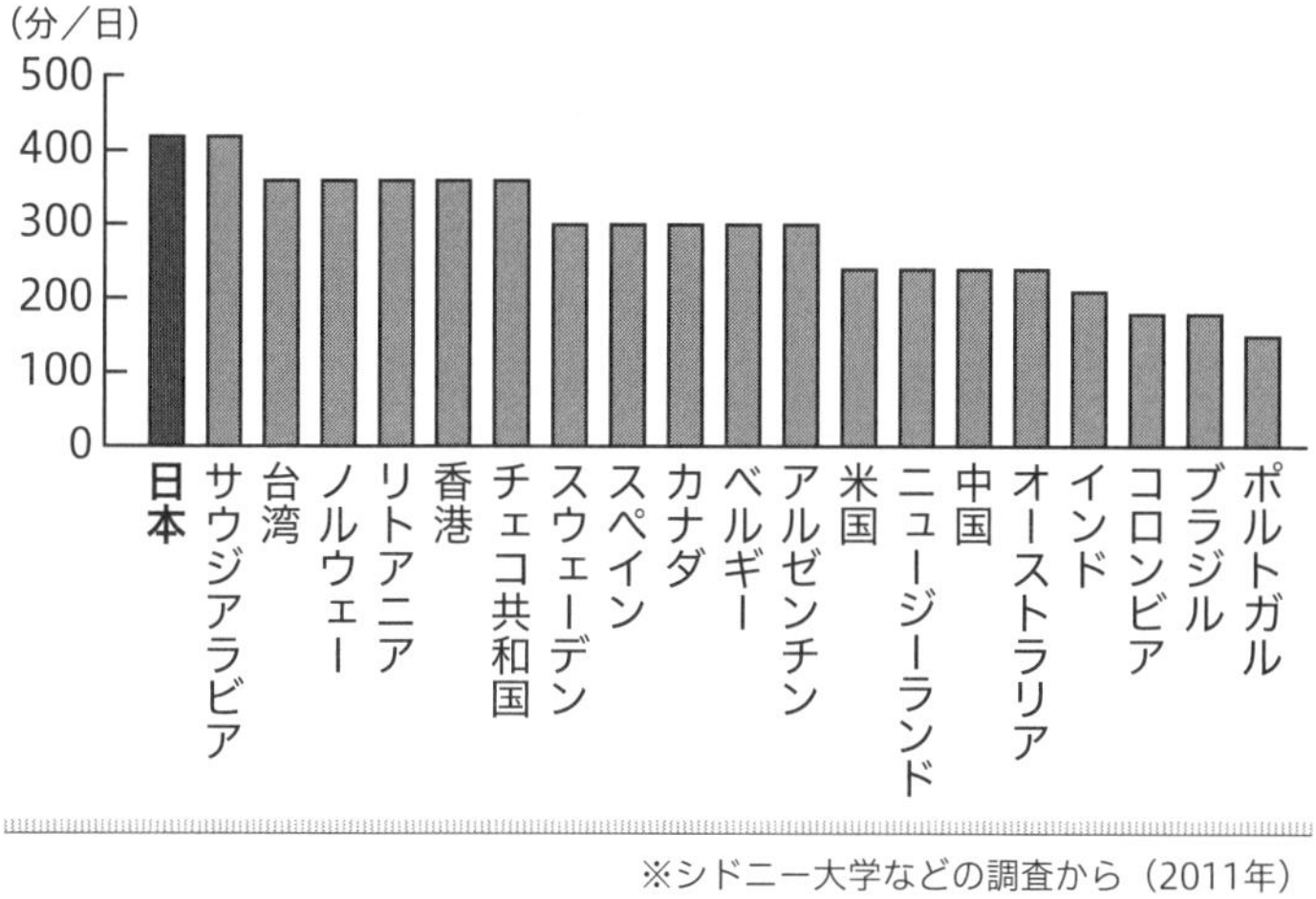

※シドニー大学などの調査から(2011年)

か？　答えは座っているときです。

座っているときの腰への負荷は、なんと立っている時の1．4倍ともいわれています。立っているときは身体の負荷が両足に分散されますが、座り姿勢になると、両足に分散されていた負荷のほとんどが腰に掛かることになります。

これが悪い座り姿勢になると、さらに腰への負荷が大きくなり、その姿勢が続けば悪い姿勢が形状記憶されてしまうのです。形状記憶されると、立ったときにもそのクセは現れます。

その結果、**かなりの負荷が腰に掛かり続ける**ことになり、また血流も悪くなることから、腰痛を引き起こす原因となります。これがいわゆる**「腰が固まっている状態」**です。

悪い座り姿勢、代表的な４つのパターン

悪い座り姿勢は腰に大きな負担をかけますが、知らず知らずのうちに無意識でよくやっている悪い座り方の代表的なものを４つ紹介します。

あなたは以下のような座り方をしていませんか？

1．お尻が背もたれより前にずれて座る（ずっこけ座り）

座ったあとにお尻をずるずると前に滑らせるようにして座る姿勢は、多くの人に見られる座り方です。「ずっこけ座り」という座り方で、長時間座っているときにだんだん前にお尻がずれてきてこうなるケースが多いようです。

この座り方は、姿勢を保つために必要な腰椎のカーブに負荷をかけてしまいます。ひどくなると、椎間板ヘルニアを引き起こすこともあります。

ずっこけ座り

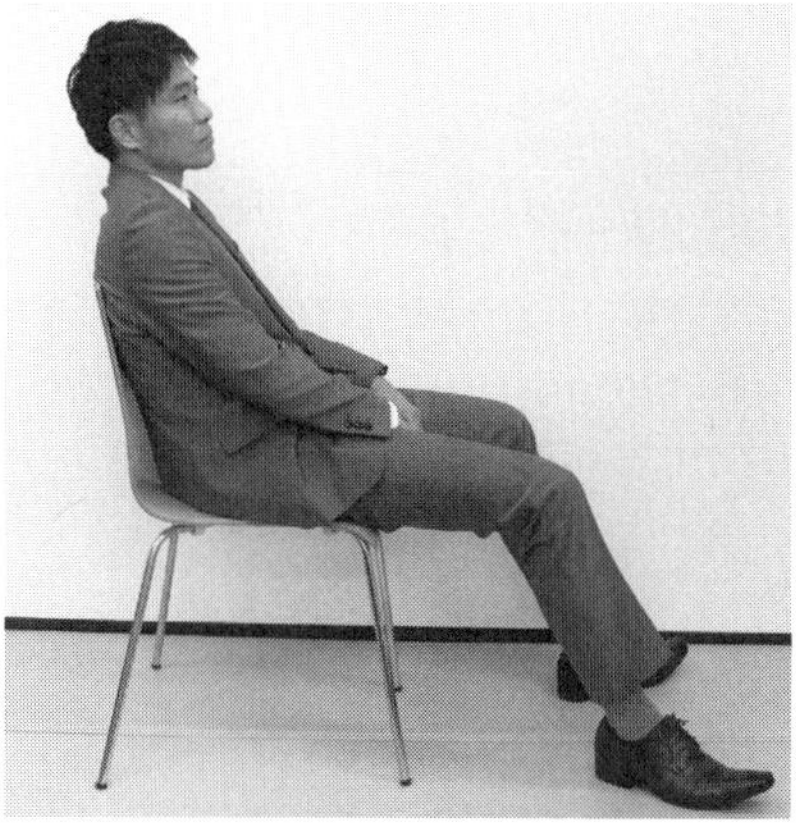

2. 猫背になり顔を前に出して座る

パソコン作業が続くデスクワークの際に多く見られる座り方です。

猫背で顔を前に出して座るので、頭を支えるために腰への負荷が増し、腰痛の原因となります。

3. 足を組んで座る

片方の足をもう片方の足に乗せて座っている人は意外に多いものです。この座り方が癖になり、無意識にやっている方も多いのではないでしょうか。

足を組んで座ると、骨盤への負荷に左右で差ができてしまうため、骨盤の歪みにつながり、腰痛の原因にもなります。

猫背

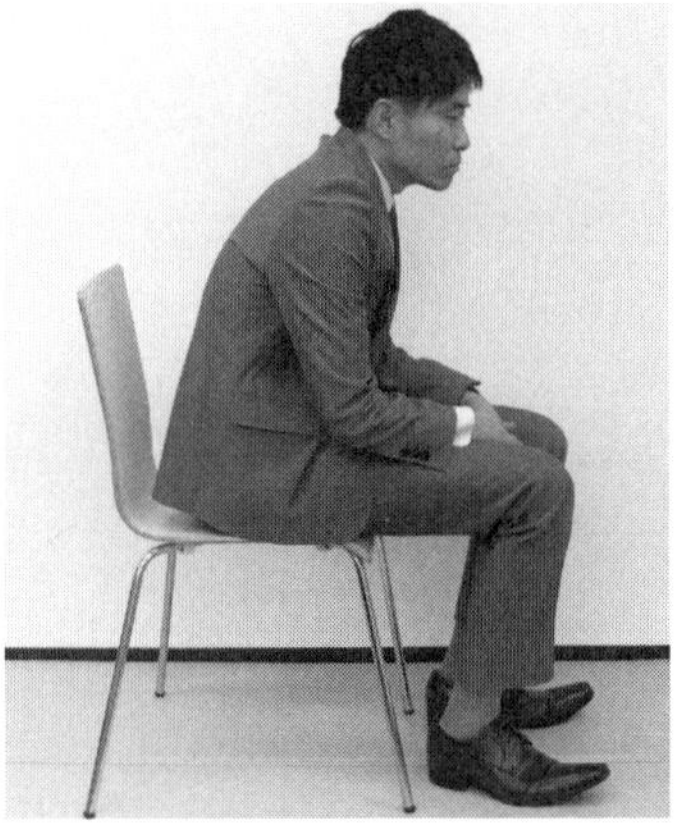

足を組む

4. あぐらをかいて座る、体育座りをする

あぐらをかいて座ったり、体育座りで座ったりは、床に座るときによくする座り方です。

あぐらは、足を交差させて座るため、特に長時間にわたって座っていると片方どちらかに重心が偏り、負荷がかかっている方の腰を痛めてしまいます。

また、体育座りも同様、長時間になると坐骨へ負荷がかかり、痛みの原因となります。

座っている姿勢が悪いと、やる気がなさそうに見える

また、座っている姿勢が悪いというのは、腰への負担だけでなく、見た目の問題もあります。

あなたが上司なら、デスクワークをしている部下たちの姿を見たときに、背中が丸くなって首を突き出し、キーボードに覆いかぶさっているように仕事をしている人と、背筋が伸び画面を正面から見ながらキーボードを操作している人なら、どちらの部下が仕事を真剣にしているように見えますか？

座っている姿勢が悪いと、本人は仕事に一生懸命であったとしても、見ている方はだら

しなく感じますよね。実際に、座っている姿勢が悪いと集中力も欠けるので、姿勢のよい人に比べるとミスが多くなる可能性も高くなります。**ビジネスパーソンにとって、座っている姿勢が悪いというのは、評価に直結する**と言ってもいいのではないでしょうか。

座っている姿勢が悪いというのは、健康にもよくないし、仕事への集中力も落ちて効率もよくない。なんといっても「だらしなく、やる気がなさそう」に見えるという見た目もよくないという、「よくないづくし」になるということなのです。

Section

02

腰は「身体の要」であり、「人生の要」でもある

腰は姿勢において最も重要な部分

腰は身体の中心であり、身体を支え、動かすという重要な役割を担っています。**身体の動作には腰が大きく関わっており、運動や日常生活での動きなど、腰がきちんと機能しているからこそ、スムーズにできるのです。**

「腰」という字は、月と要で構成されています。月は体を表し、要は重要な部分ということですが、まさに腰は「身体の要」です。

腰は身体の上半身と下半身を「連結」する大切な部分でもあり、前後左右の動きなど数多くの運動機能を兼ね備えています。何をするにも腰が中心となり身体を動かしています。

腰は、体重を受け止めている場所でもありますから、もし体重が増え続けたとしても、

それを全部受け止めます。肥満の人に腰痛が多いのも、腰に大きな負担がかかっていると考えれば納得ですよね。

私たちは日常生活において、さまざまな姿勢をとっています。立つ、座るといっても、それぞれの状況によって姿勢は異なっています。歩く、走る、中腰になる、しゃがむ、前かがみになる、身体をひねる、椅子に座る、床に座る……など、**いろいろな姿勢をとることができるのも、身体の中心である腰が正常に働いているから**です。

このように、腰は姿勢からみて最も重要な部分です。腰が正常に機能しなければ、よい姿勢でいることは非常に困難です。例えば、ぎっくり腰の人が真っ直ぐに立てないのは、痛めた腰に上半身を乗せることができないからです。このようによい姿勢でいるためには、腰がきちんと正常に働いている必要があります。

腰が姿勢をコントロールする

よい姿勢をとるためには、腰を安定させて負担を掛けないようにする。そして鍛えていくことがポイントになります。腰を意識することで、アクティブに、そして誰が見ても「あの人は出来る人だ」と思わせられる姿勢でいられるようになります。

腰は動作をおこなうときだけではなく、動かないように「安定・固定」させるという働きもあります。そうすることで、上半身や下半身がスムーズに動きやすくなり、動作の見た目も美しくなります。**よい立ち姿、座り姿勢は腰の役割が非常に重要で、「腰が姿勢をコントロールする」**と言っても過言ではないでしょう。なぜなら、腰は「身体の要」であるからです。

扇子《せんす》の根元にある軸を「扇の要」と言いま

要が中心

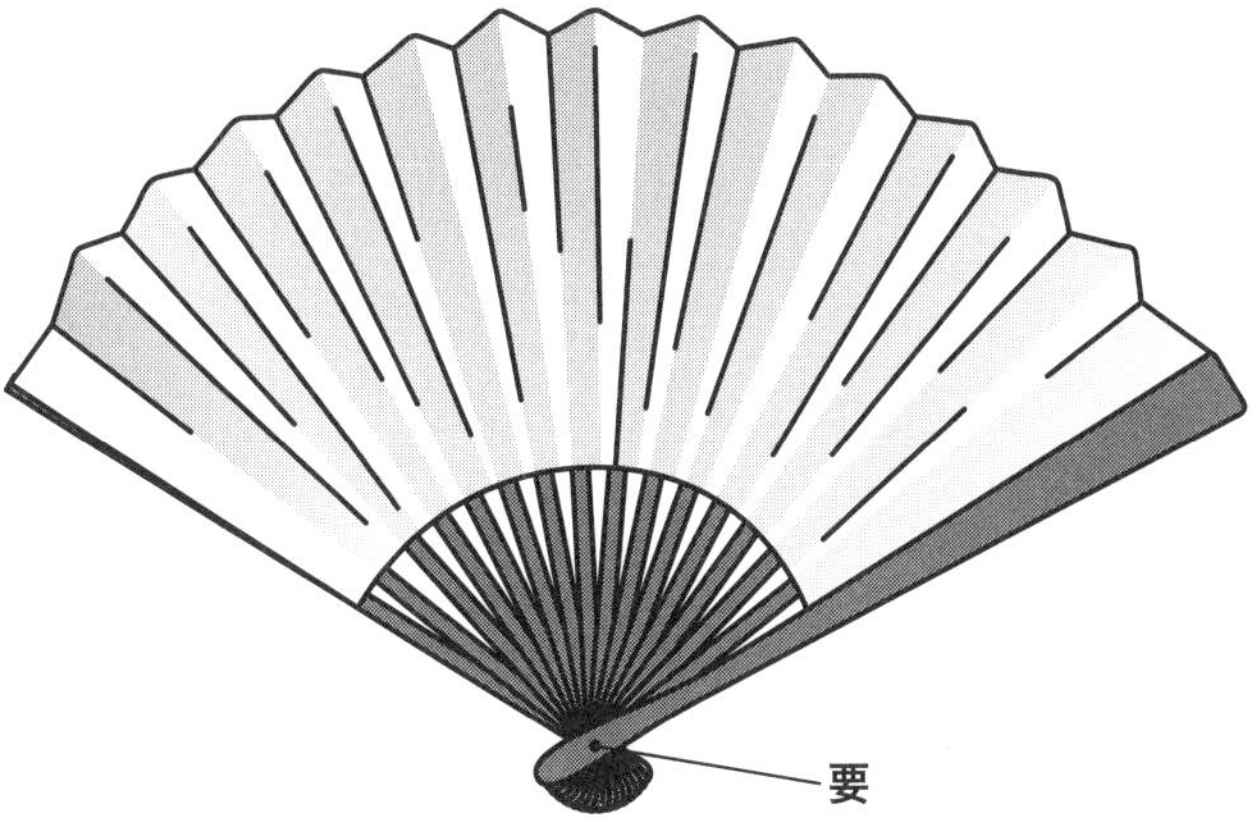

す。この根元にある軸が外れてしまえば、扇子がバラバラになってしまうのと同じで、腰がきちんと機能しなければ人の身体も上半身と下半身がうまく機能しなくなります。

人生を変えていくほどの力を生み出す

腰は、力を産み出す「源」でもあるといえます。身体の要である腰は、身体のさまざまな部位に力を伝え、動きが意志のままスムーズに動くようにコントロールすることができます。「腰は身体の要」、つまり腰がないと身体が成り立たないということです。

これからビジネスで成功し、人生を豊かに楽しく生きるためには、健康な身体が絶対不可欠です。ということは、そのために正常に機能する腰も絶対不可欠といえるでしょう。

腰は、よい姿勢をとるために重要な身体の要であり、そしてよい姿勢によって創られる豊かな人生に導くための要でもある、と私は常々感じています。

Section 03

あなたの腰はどんな状態？腰のチェック法

骨盤の角度をチェックする「壁立ち」

腰は「身体の要」で重要な場所、とわかったところで、あなたの腰の状態をチェックしてみましょう。これまで腰に負荷をかける座り方を長く続けてしまっていたなら、骨盤が前や後ろに傾いている可能性があります。

そこで自分で簡単にセルフチェックができる、「壁立ちチェック法」をご紹介しましょう。

自分で骨盤の正しい角度を知るには、壁に背中をつけて立ってみるのが一番。壁と腰の隙間がどれくらい空いているかで、あなたの骨盤の角度がわかります。

①壁にかかと、お尻、肩甲骨、後頭部をつけて立つ。このとき、両足のかかとをつけ、つ

ま先をこぶし1個分開く。上から見たときに足元がハート形になっているように立つ。

②壁と腰の間に、片方の手を入れて、隙間がどれくらい空いているかをチェックする。

壁と腰の隙間に、片方の手のひらがちょうど入るくらいが、身体の軸がまっすぐになり、骨盤が正しい角度となったベストな状態です。

骨盤が傾いている人は壁と腰の隙間でわかる

このとき、壁と腰の間がどれくらい空いていましたか？　骨盤が傾いている人は、壁と腰の隙間がどれくらい空いているかでわかります。

壁に4点を付けて立つ

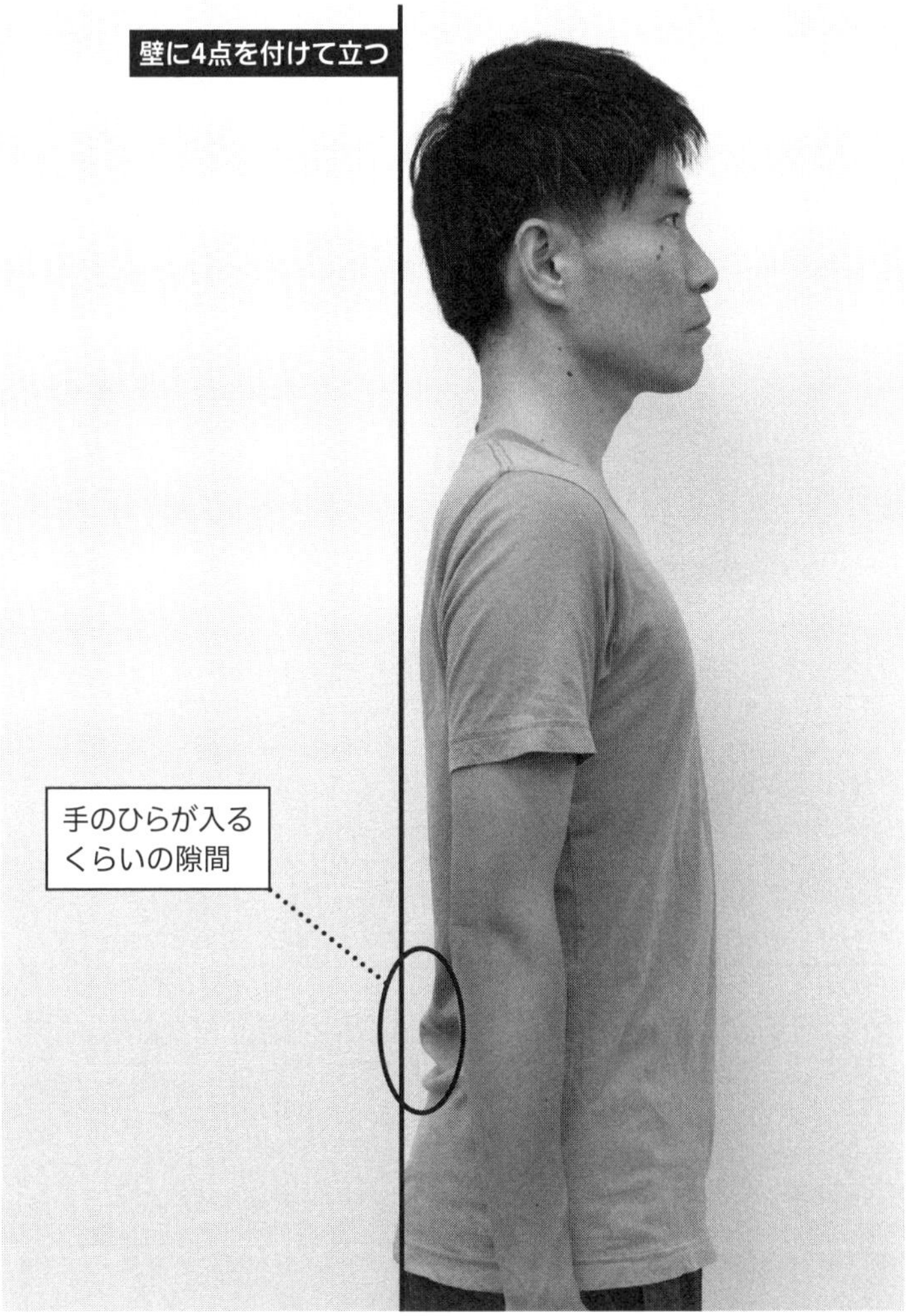
壁に4点を付けて立つ
手のひらが入る
くらいの隙間

壁立ちチェック法

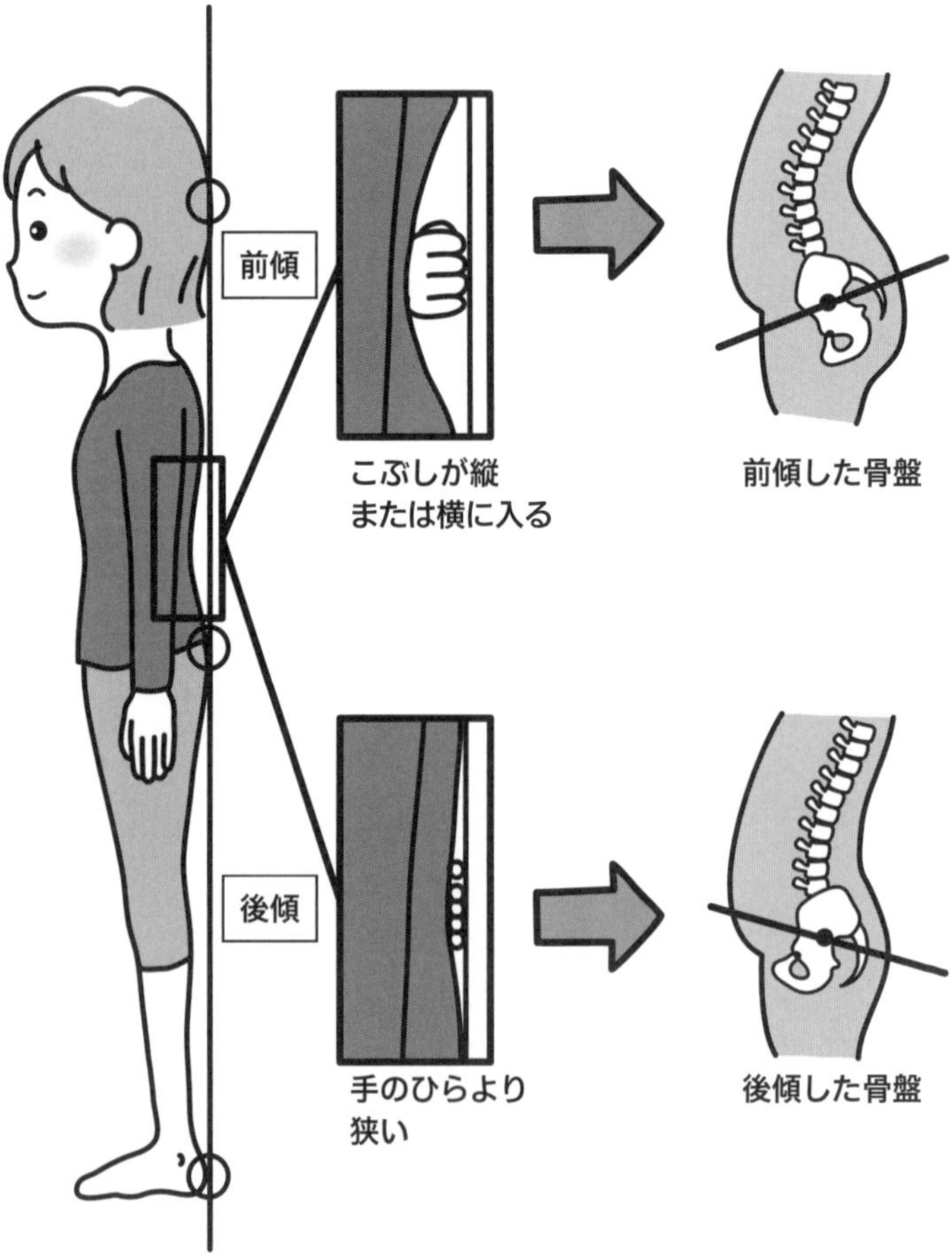
前傾
こぶしが縦
または横に入る
前傾した骨盤
後傾
手のひらより
狭い
後傾した骨盤

壁と腰の隙間がほとんどない

背中が丸まってあごを突き出す姿勢をよくとる人は、壁と腰の隙間がほとんどありません。立ったときの重心が、かかとにだけ乗る人が多いです。このタイプは、骨盤が後ろに傾いている人です。

壁と腰の隙間が手のひら以上空いている

お尻を後ろに突き出すように腰を反らせる姿勢をよくとる人は、壁と腰の隙間が手のひら以上空いています。立ったときの重心がつま先に乗る人が多いです。このタイプは、骨盤が前に傾いている人です。隙間が大きいほど前に傾いている証拠といえます。

お尻にも意識を向ける

左右のひざとふくらはぎをくっつけて一直線になるように立つと、自然とお尻や太ももの後ろ側がキュッと持ち上がったように感じると思います。ひざやふくらはぎがくっつかない人は、お尻の筋肉を中心に寄せるだけでも大きな効果があります。

Section

04

人生力を上げる腰ストレッチ

腰周りの筋肉が硬いことで起こる身体への影響

腰は動かさないと、腰周りの筋肉が固まってしまいます。腰には柔軟性があり、その中で軸をとれる状態が望ましいのですが、1日のうち長時間座っていることが多い現代人の腰は、運動不足による腰の周りの筋肉の衰えと、柔軟性の低下が否めません。

腰周りの筋肉が固まり、背骨をまっすぐに支える力が低下すると、背骨や腰椎にかかる負担が増えてしまい、腰痛を引き起こす原因となります。ほかにも、筋肉が硬くなっているほうに引っ張られ、周辺の筋肉などにも負担がかかり、猫背やゆがみなど、姿勢の悪さにつながりやすくなり、怪我をしやすくなります。

また、筋肉が凝り固まった状態が続くことで血流が滞り、痛みを生み出す発痛物質が放出され、さらなる痛みにつながってしまうのです。

腰は身体の要ですから、腰周りの筋肉が硬くなることでこのようなさまざまな影響が出てきます。**腰周りの筋肉をゆるめ、腰の可動域を拡げることは、そのまま人生の可動域を拡げることにもつながる**といえます。

そこで、腰周りの筋肉をほぐす簡単なストレッチを紹介しましょう。ストレッチは一度や二度で効果が現れるものではなく、生活の中でまた元に戻ってしまうので、**毎日少しずつでもいいので「継続しておこなう」ことが大切**です。

腰の可動域を拡げるストレッチ

まずは、長時間座っていることによって固まってしまった、腰周りの筋肉をほぐしていきましょう。緊張した筋肉をほぐして血行を促し、腰周りの筋肉を柔らかくすると、可動域が広がり腰椎への負担が軽減されます。

腰回しストレッチ

腰回しストレッチをおこなうことで、腰の可動域が拡がり、骨盤が正しい位置に戻ります。まずは骨盤を正しい位置に戻してあげることが大切です。

①足を肩幅に開き、腰に手を添える。
②右にグーッと腰を突き出す。
③②と同じ要領で、後ろに腰を思いきり突き出す。
④次に左、その次に前に腰を大きく振って腰を動かす。
⑤右、後ろ、左、前と、4点を丸く結んで、腰で円を描くように回す。これを気持ちいいと感じるくらいまでおこないます。

このときのポイントは、浮き輪が腰の周りにあるようなイメージで腰を回すこと。無理せず、気持ちよく回せる範囲でＯＫ。最初は小さな浮き輪でも大丈夫です。可動域が拡がってくると、大きな浮き輪のイメージで大きく回せるようになります。

腰回しストレッチ

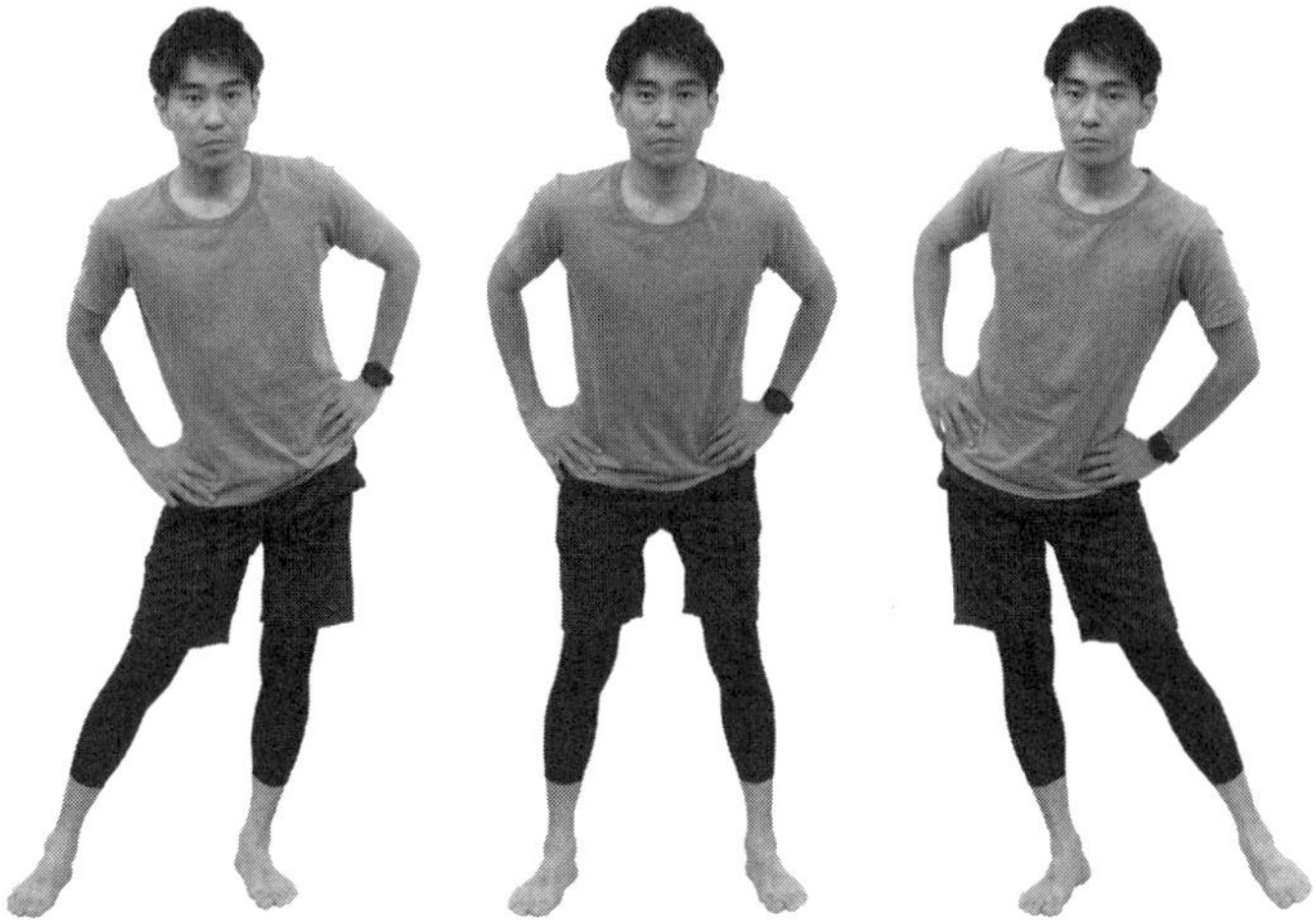

8の字　腰回し

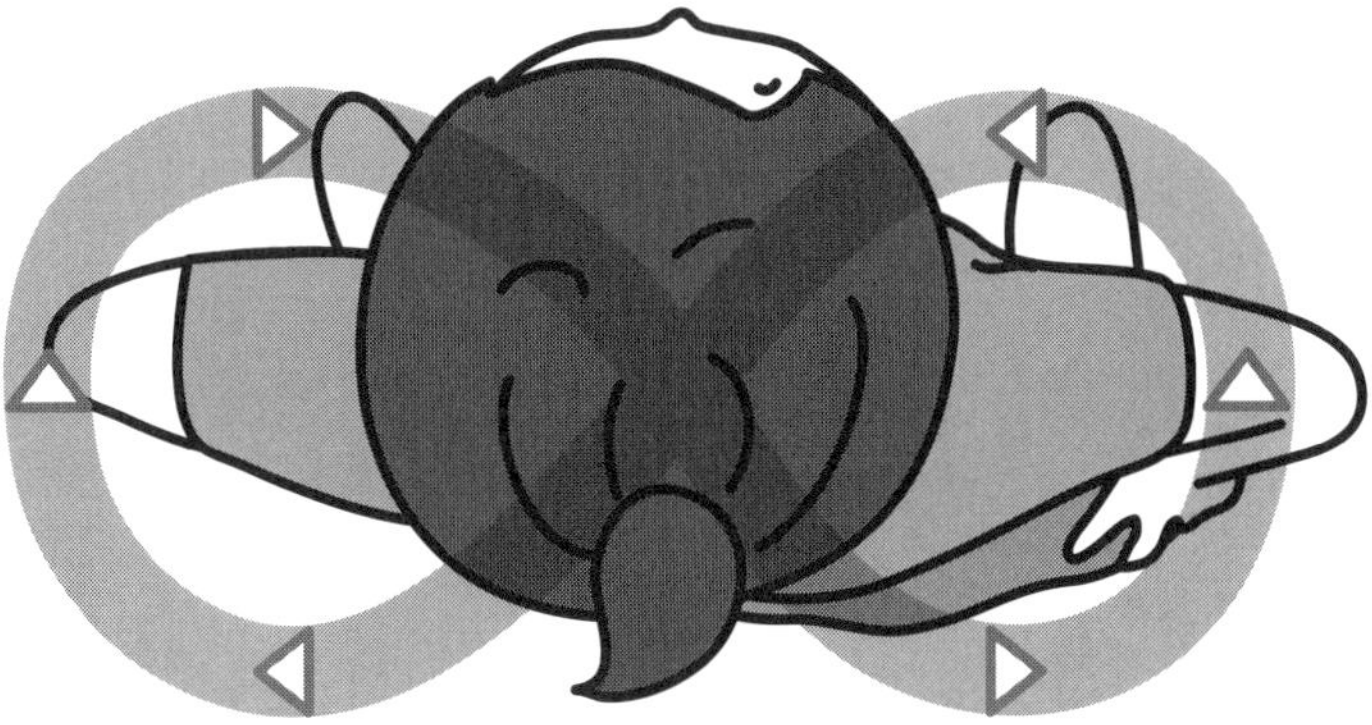

真上から見て8の字を描く

円を描くように回すほかに、同じ要領で8の字を描くように回すと、さらに動きが出て効果的です。

足を前後に広げ、鼠径部《そけいぶ》を伸ばすストレッチ

脚のつけ根には大きなリンパ節があり、老廃物が溜まりやすい場所です。この鼠径部をストレッチによってリンパ液の流れをよくしましょう。

また、このストレッチは腰の辺りから太ものの付け根にかけ、左右対称に付着している腸腰筋《ちょうようきん》を緩めることも同時にできます。

①足を前後に開き、後ろ側の足でひざをつきます。

鼠径部ストレッチ

②両手を前側の足のひざに置き、少しずつ上体を前にスライドさせます。
③ゆっくりと元に戻します。
④反対側も同様に行います。反動をつけずに20~30秒かけてゆっくりとおこないましょう。

ストレッチをおこなうときはリラックスモードで

ストレッチは無理やりおこなうのではなく、リラックスモードでおこなうことをおすすめします。このとき、筋肉の緊張が無い状態が望ましいです。

なぜなら、筋肉には「伸張反射」という作用があり、急に大きく伸ばそうとすると、ダメージを受けないように筋繊維が縮まろうとします。

ですから、逆効果にならないように、**ゆっくり優しく伸ばすのがポイント**です。

固まった身体を気持ちよく伸ばす、手ぬぐい体操

長時間のデスクワークなどで、身体が固まってきたな……と感じたら、身体を伸ばすこ

とでリセットしましょう。おすすめストレッチは「手ぬぐい体操」。手ぬぐいがなければフェイスタオルでもＯＫ（薄手で持ちやすいものがおすすめ）です。

この「手ぬぐい体操」は、全身の筋肉をまんべんなく伸ばせる体操です。腕の上げ下ろしで全身の血流がアップしていき、身体がぽかぽかして、固まった身体がほぐれていきます。

①足を肩幅に開き、両手で手ぬぐいを肩幅に持ちます。

②肘を曲げないように、両腕を思いきり高い位置まで上げます。腕、胸、背中の筋肉が上へ持ち上がるようにしましょう。

③②の状態をキープしつつ、さらにかかとを上げてつま先立ちをします（かかとを上げて、ふらついたり、重心が取れないと感じたらやめておきましょう）。

④キープ時間は30秒～60秒が目安。腕が痺れてきたら、ゆっくりと腕を下ろします。

手ぬぐい体操

Section

05

身体の重心がブレると、気持ちもブレる

身体の軸をつくるのは「腰」

腰は上半身を支え、下半身に動きを伝える「扇の要」のような役割をもっており、身体の中心として、体をひねる・反る・ねじる、などの動作を担っています。こういったことから「腰は身体の要」と言われ、まさに「身体の軸」であるわけです。

よい姿勢を身につけることは、意志と感情にも作用することがわかっています。つまり、**腰を中心として身体の軸をしっかりと作ることができれば、揺るぎない「自分軸」を持つことができる、**と言えるでしょう。

身体に軸がないと感情面にも悪影響が出る

「受け身な姿勢」や「前向きな姿勢」など、そのときの感情を関連付けて「姿勢」という言葉が使われるように、姿勢と感情は大きく関係することがさまざまな研究によって明らかになっています。

たとえば、椅子に腰かけて、背筋を伸ばした状態と、前かがみになった状態（猫背の姿勢）で同じ映画を鑑賞したあとの感想をヒアリングすると、背筋を伸ばしていたグループは「ポジティブ」なことにフォーカスして感想を述べることが多かったのに対し、前かがみで猫背の状態だったグループは「ネガティブ」なことにフォーカスして感想を述べることが多かったそうです。

このことからも、**姿勢は感情面にも影響を与える**ことがわかります。

座っていることが長い人は、最初は腰を立てて座っていても、長年の日常生活において楽な姿勢をとり続けたことによる筋力の低下などによって、だんだんと途中から前かがみの姿勢になっていくことが多く見られます。

これまでも述べたように、前かがみの猫背の状態で座り続けると腰周辺の筋肉が固まり、腰に大きな負担がかかり腰痛を引き起こすことにもなるわけですが、そうなると**身体の軸が不安定になり、感情も同様に不安定になっていきます。**いわゆる「感情がブレる」状態になる、というわけです。

身体の重心をブラさない意識を持つ

腰が不安定だと身体の軸が崩れ、重心が安定しません。座る時間が長い人はとくに腰に負担がかかるため、身体の軸である腰が安定しない状態を生み出します。そうなると、座っているときだけでなく、立っているときも要である腰が安定せずに、どんどん姿勢が悪くなっていくことになります。

すると疲れやすくなり、感情面でも不安定感が強まるため、自信喪失などネガティブ傾向となります。

ですから、腰を安定させ身体の重心をブラさないようにする意識を持つことが必要です。

回っているコマは重心が一直線で安定しているので、ブレません。私たちが住んでいる地球にも地軸があって、地軸を中心に回転していることによって、朝を迎え夜が訪れ、季節が巡ってきます。

同じように、私たちの身体にも軸があることでよい姿勢を作ることができて、前向きな感情を持って活動することができるのです。

よい姿勢を支え、維持する身体の要が腰です。**腰は姿勢において非常に大事なパーツであり、あなたの性格の軸、発言の軸、行動の軸など、「人生の軸」であるともいえるのです。**

Section

06

自信がわいてくる姿勢

ネガティブな感情が現れる姿勢

物理学者フェルデンクライスが、「負の感情はすべて、屈曲として現れる」と言っているように、私たちは不安なときや恐怖を感じたときなど、ネガティブな感情を感じたときは身体の前面を縮めて前かがみになります。

人間以外の四肢動物が、四肢の姿勢により身体の前面（腹部）を保護しているのに対し、人間は身体の前面の脆弱な部分を無防備にも晒していることになります。こういったことからも、人間が脅威を感じることによって身体の前面を縮め、身体を丸めた胎児のような姿勢、つまり前かがみになり身体の前面を保護するのは当然のことかもしれません。

体調が悪いときも、布団の中で丸くなることが多いですよね。体調が悪いときにネガテイブな感情に囚われやすいのは、この姿勢が感情に影響を与えているともいえるのではないでしょうか。

このように、**ネガティブな感情が現れる姿勢は前かがみになる姿勢**といえます。

腰が安定することで自信がわく

反対に、背筋が伸び身体に軸がある姿勢、つまり**腰が安定していると身体に一本の軸が通り、重心が安定**します。しっかりと上半身を支え、下半身にスムーズに動きを伝えるので、楽に動けて痛みや凝りもありません。**感情的にも安定し大きな不安もないため、自信を持ち感情面でもポジティブ傾向**となります。

よい姿勢で立つ、座ることは、お腹に力が入ります。力が入る、というのは腹筋を過剰に緊張させることではなく、丹田に力が込もるということです。丹田というのは、中国の道教に由来する「気」の考え方からくるもので、下腹部にあり、気を集積するところ、と言うとイメージができるでしょうか。

つまりよい姿勢でいることで、この丹田に気（エネルギー）が集まり、ポジティブでパワフルな感情になれるということなのです。

身体の軸＝人生の軸

実際に「思いっきり猫背になって目標を言う」のと、「よい姿勢で目標を言う」ということをやってみてください。

よい姿勢で言う方が気持ちよく、心理的にも前向きな感情を持ちますし、「よし、目標を叶えるぞ」という意志も強くなるでしょう。また、このような心理的な面だけでなく、声も出しやすいという物理的な気持ちよさも感じるはずです。

よい姿勢によって身体と心に一本の軸が通ることで、あなたの意志と感情に日々よい作用となって働き続けていきます。

腰を安定させるということは、身体の軸を作るだけでなく、安定した感情を手に入れ、あなたの人生をいきいきと生きることにつながっていくということなのです。

Chapter 05

靴底が教える あなたの姿勢

05

Section

01

成功者は足元も大切にしている

成功者ほど足元が美しい

靴を見ればその人の「格」が分かるといわれています。「ビジネスで成功したければ、よい靴を履くこと」という言葉を聞いたことはありませんか？

あるホテルマンの方が「スイートルームに宿泊する、いわゆる成功者といわれる方は、靴底まできれいな状態の靴を履いている」と言われていたことがあります。私も億万長者と言われる方にお会いしたことがありますが、靴の美しさだけでなく、立ち姿の足元全体が美しくて感動しました。

靴を丁寧に磨き、大切にし、人が普段見ない靴底までお手入れができる人は、物だけでなく人を大切にし、気配りができる人であり、そういう意識がビジネスにおいても成功へと導いてくれるといえるでしょう。

このように、足元はその人を表す部分であるにも関わらず、足元を意識している人が少ないのは、普段自分の全身を客観的に見る機会が少ないからだと感じています。

足元は建物でたとえると「基礎」の部分

「姿勢をよくして」と言われると、ほとんどの人が丸まった背中をまっすぐに立て、胸を張ります。**姿勢というと、上半身に意識が向かうことが多いですが、姿勢は全身で作られるものであって、上半身だけ姿勢をよくしてもダメ**です。

建物でも、基礎ができていない建物は倒壊します。身体も同じで、足元がしっかりしていないと、姿勢そのものを作ることができません。

正しい立ち方の基本は、まず「足裏」から。人の身体で地面に接している部分は足裏だけです。足元はいわば、建物の基礎なのです。

見えるところだけ意識してもダメ

ほとんどのビジネスパーソンは、スーツやネクタイなど、人目につく部分には自分なりのこだわりを持っていたり、少し高価なものを意識して買ったりしますが、毎日靴のお手入れをする人はほとんどいないと思います。

これと同じように、姿勢においても上半身の人目につきやすい部分だけに意識を向けていることが多いでしょう。しかし、足元は姿勢の基礎です。きちんと足裏のポイントに重心を置いて立てているか、ということが正しく立つためには必要不可欠なのです。

何事においても基礎は大事です。足し算、引き算ができないと難しい数式が解けないように、**足元という身体の基礎がきっちりとできれば、ビジネスも人生も変わります。**

Section
02
内股は自信をなくす

なぜ日本人に内股が多いのか

足のつま先をくっつけて、かかとを外に向けて立つ内股は、若い女性に多く、女性らしくてかわいいというイメージがあるようです。若い女性向けの雑誌ではモデルが内股で立っているのもよく見かけます。

内股は、「守ってあげたい」という男心もくすぐるようですが、実はこの内股、日本特有の立ち姿で、海外では、内股は奇妙な歩き方というイメージを持たれます。

なぜ日本人に内股が多いのかというのは諸説あります。アニメの女の子キャラに内股が多いことからアニメの影響とか、靴を脱ぐ文化からくるものだとか言われていますが、靴を脱ぎ床に座ることが大きな原因と考えられます。

特にペタンコ座り・女の子座りともいわれる「とんび座り（正座でつま先が外方向に向く座り方）」をすると、股関節内旋（内股）が強く促されることで内股になりやすいといえます。とんび座りは、靴を脱いで床に座らないとできず、女性にこの座り方で床に座る人が多く見られます。

では、内股は男性にはいないかというとそうでもなく、男性でも内股の人はいます。男性で内股の人は、なんとなく頼りなげに見え、実際自信のない人が多いといえます。

とんび座り

成功していく人に必要なのは、可愛さではない

ビジネスで成功したい、これから起業する、といった人が可愛くみられる必要はありません。

内股の女の子を見て「守ってあげたい」と思うのは、弱々しさ、華奢なイメージを連想します。これから成功していこうとしている人が内股だと、内股の女の子を見て「弱々しい」と感じるのと同じように、「自信がなさそう」「頼りなさそう」と感じ、信頼を得られにくいといえるでしょう。

内股の人はなぜ自信をなくすのか

内股は、通常ならまっすぐに前を向いているはずのひざの頭を内側に向けて、脚の関節が歪んだ状態で歩くため、脚のラインが崩れるのでパンツのラインも崩れ、見た目にもだらしなく見えます。

この脚の関節の歪みは、お尻が垂れる・下半身太りになるなど、さまざまな症状につな

がり、よい姿勢の大きな妨げとなってしまいます。

また、内股であることによって、歪みが上半身にまで影響します。脚の歪みから腰の歪みも引き起こし、腰が歪むことで、腰が安定せず猫背にもなりやすくなります。猫背になると、視線が下を向きやすく、下を向くことで気持ちも下向きになっていき、さらに消極的な気持ちになって……と、**成功を妨げる「負のスパイラル」**に陥ってしまうのです。

さらに、内股による歪みは、ひざや腰に負担をかけるので、股関節の血管が圧迫され、血行不良になる可能性があり、足がむくんだり、冷え性が悪化したり、などさまざまな不調につながります。

ひざに負担をかけ続けることによって、関節痛などの症状を引き起こす可能性もあり、そうなるとまっすぐに立てず、さらに弱々しいイメージになってしまうでしょう。

身体と気持ちはつながっているので、身体の不調から自信をなくすことにつながります。身体的・感情的、そして見た目にも、これから成功していこうとしている人にとっては、内股はデメリットでしかありません。

Section 03

若々しさはひざから

エネルギッシュな人に見られたい?

これまで数多くの人に姿勢の指導をしてきて思うのは、**見た目の印象は、姿勢で大きく左右される**ということです。

年齢を重ねていても姿勢がよい人は健康で、元気でいきいきと日々を過ごしていますし、若々しくエネルギッシュに見えます。一方、実年齢が若くても、猫背でトボトボと歩いている人は、身体や心になんらかの疾患を抱えていることが多く、見た目にも老けて見えますし、元気が感じられません。

姿勢のよしあしは、「見た目年齢」に大きく影響するのです。

俳優さんは実年齢に関係なく、いろんな年齢の役を演じます。20代であっても学生、中年、老人まで、幅広い年齢の役を演じ分けていますが、姿勢でも年齢を表現していますよね。年齢を姿勢で表すときは、ひざを曲げると一瞬で老けた感じになります。

「老人の真似をして」と言われると、おそらくほとんどの人が腰を曲げて表現するでしょう。やってみればわかりますが、ひざがまっすぐのまま腰だけ曲げることも、腰を曲げているのにひざがまっすぐなのも、どちらもとても不安定で無理のある姿勢になります。

つまり、**ひざが曲がれば自然に腰は曲がり、また腰が曲がると背中も丸まって猫背になってしまう**のです。

あなたが若々しく、エネルギッシュに見られたいなら、ひざをまっすぐに伸ばしましょう。

ひざを伸ばすと後ろ姿がカッコよくなる

無意識に立っているときにひざがピンとまっすぐに伸びている人は少ないです。あなたはどうでしょうか？　立っている時、ひざは伸びていますか？　曲がっていますか？　無意識で立っている時、ひざがどうなっているか見てください。

よい姿勢で立つためには、ひざを伸ばすことが大切です。ひざを伸ばすことで身体の後ろの筋肉が伸びるので、背中を姿勢よくまっすぐに支えることができるからです。そうなると後ろ姿の見た目年齢が若くなり、とてもカッコよくなります。

反対に、ひざを曲げると腰、背中も丸まってしまいます。また、太ももの筋肉が緩むので、お尻も一緒に落ちてきます。

お尻の筋肉は、二足歩行の人間の立ち姿勢では、姿勢を保つために重要な役割を担っていて、立っている限りは常時働いている筋肉です。人の身体の中では、太ももに続いて2番目に大きな筋肉であるので、大きく分厚くパワフルな筋肉といえます。

ひざが曲がると、この大きな筋肉を支えきれず、お尻が下がってきてしまいます。カッコいい後ろ姿になりたいなら、無意識でひざを曲げて立たずに、意識してひざをまっすぐにして立つようにしましょう。

頼もしさは後ろ姿から

ひざを伸ばすことで、太ももの後ろからお尻の筋肉が上がります。身体の後ろの筋肉が繋がるイメージで、ひざを伸ばしましょう。それだけで、お尻がキュッと上がります。お尻が上がれば、後ろ姿が今より若々しく見えます。若々しく見えることで、活力も感じられ、ビジネスに対しても意欲的な人と見られるでしょう。

エネルギッシュな人には人が集まります。その中から「仕事を一緒にしたい」「この仕事はあなたに頼みたい」という人が現れるはず。

「子は親の背中を見て育つ」「背中で語る」「背中を追う」などの言葉からもわかるように、背中は人としての威厳や大きさを感じられる部分です。

自分から見える前と横からだけでなく、後ろ姿にも意識を向けたいですね。

Section 04

足裏から自信を感じる

歩き方はその人のイメージに影響する

いつも自分がどんな姿勢で、どんな歩き方をしているかを意識している人は少なく、日々なんとなく歩いている人がほとんどだと思います。じつは**「歩き方で、その時の感情まで読み取れてしまう」と言われるほど、歩き方はその人のイメージに影響**します。

猫背でうつむき加減でトボトボ歩いている姿と、前を向いて背筋を伸ばし颯爽と歩いている人がいたら、あなたは両者にどういうイメージを抱くでしょうか。

うつむいてトボトボ歩く歩き方は、「落ち込んでいる」とか「やる気がない」というイメージで、前を向いて颯爽と歩く歩き方は、「前向き」「やる気に満ちあふれている」というようなイメージを抱いたのではありませんか？

歩き方によって、持たれるイメージは変わり、また自分の心の状態も変わってくるとしたらどうでしょう？　足の裏をしっかりと地面につけ、踏みしめて歩くことで、地面からパワーを感じ、自信が足裏から湧いてくるようになります。

姿勢を支えるのは足裏

立つ、歩くといった姿勢を支えるのは足裏です。この足裏の動きを知り、意識して実践していくことで、歩けば歩くほどに自信を感じるようになるでしょう。

歩くときは、かかとからつま先まで足裏全体を使うことがポイントです。

1．かかとから着地をする

踏み出した足を全体でペタッとつけるのではなく、かかとから着地させます。このとき、足より頭が先に出ないようにします。

足裏の使い方

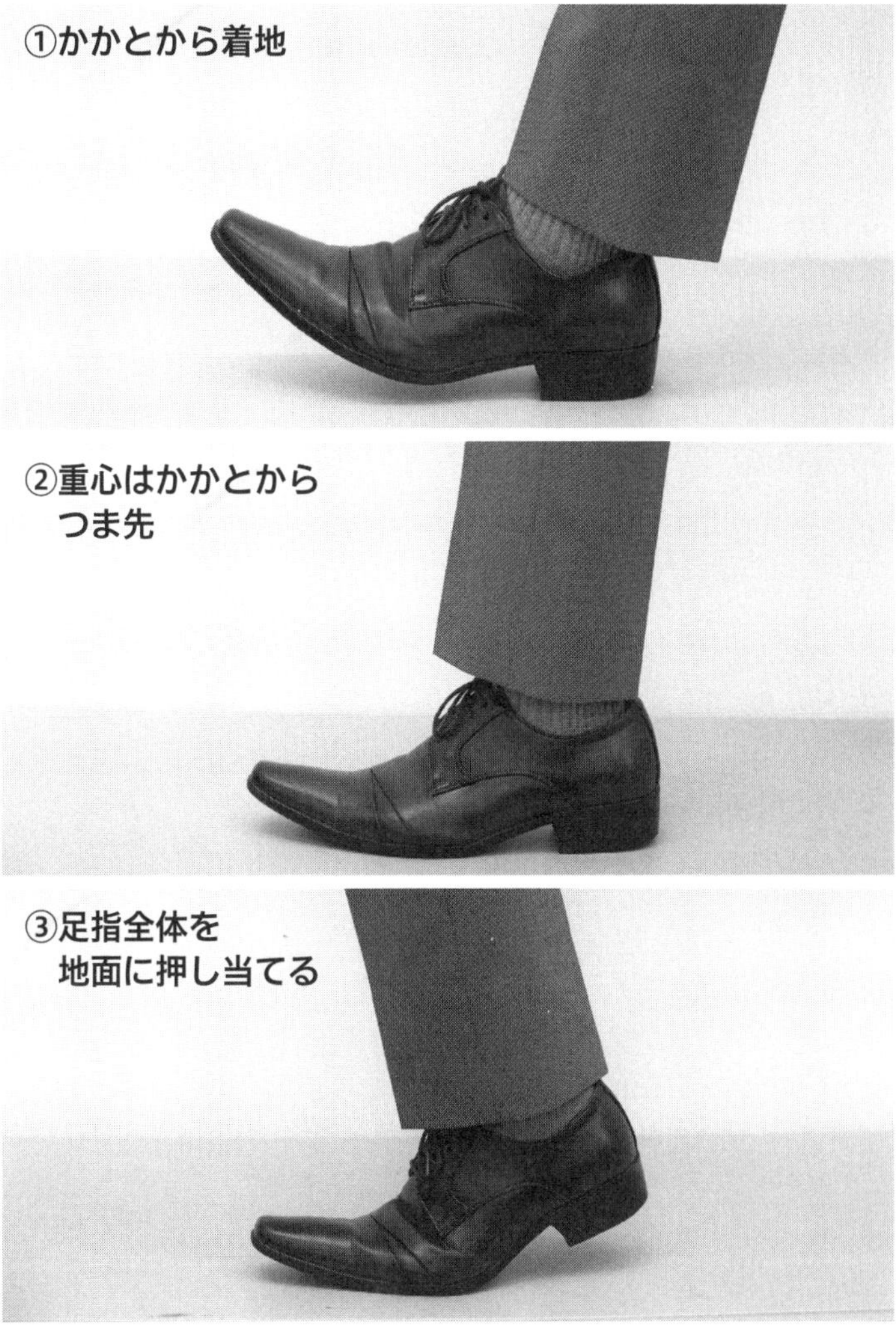
①かかとから着地
②重心はかかとから
つま先
③足指全体を
地面に押し当てる

2. 重心はかかとからつま先

着地した足で全体重を支えます。このとき、ひざをしっかりと伸ばすのがポイント。前の足のかかとからつま先に向かって重心を乗せながら着地させていきます。

3. 足指全体を地面に押し当てる

足指をしっかり地面に押し当てることで、ふくらはぎや、お尻、上半身を支える腹筋や背中の筋肉まで刺激できます。

足裏で地面をしっかりと押してあるこう

歩くときは踏み出す方の足裏の重心を、かかとからつま先へと移動させながら、足裏でしっかり地面を押して歩くことが大切です。そうすることによって、身体の筋肉を使って立つことができるので、筋力アップにつながります。

壁を手で押した時、壁から押し返しの力を感じますよね。壁を強く押したら強く返ってくるし、軽く手を当てるくらいなら、特に押し返しの力を感じません。これと同様に、歩くときにも地面をグッと強く押すように歩くのです。

足裏を感じながら、足裏で積極的に地面を押すと、力が地面から返ってきます。この力を床反力といいますが、床反力とは「歩行などの身体運動中に床や地面などの支持面から足部に作用する反力」のこと。

この強い床反力で、しっかりと身体の筋肉を使って立つことができるので、歩きながら毎日コツコツと小さな筋トレができるのです。

毎日立ったり歩いたりしている中で、だらっと立っていたり、なんとなく歩いていたりするだけなら、床反力も自分の体重だけへの反発になるので、非常にもったいないです。グッと地面を押すことで自分の体重プラスの作用がかかり、その分が身体に返ってきます。このグッと身体に返ってくる感覚を、足裏で常に感じ取りましょう。

エネルギーを足裏から感じるということは、自分の中に力がみなぎるということです。立つほど、歩くほどに自分の中に自信が生まれてくることを感じるでしょう。

最初は意識しないと地面を押しながら歩けないと思いますが、慣れてくるとその歩き方が習慣になります。日々、意識して歩いていきましょう。

Section

05

靴底でわかる立ち方・歩き方

自分の足にあった靴を選ぶことから姿勢ははじまる

人間の身体を支えるのは脚であり、足裏に体重をかけて立ったり、歩いたりしています。その足に履くのが靴です。ですから、よい姿勢を保つために靴はかかせないアイテムなのです。

靴は、車でいうとタイヤと同じです。サイズの合わない靴は、軽トラックにトレーラーのタイヤを履かせて走るようなもの。そう考えると、足だけでなく身体にも負担がかかることがわかりますよね。

足にあった靴を選ぶことは、よい姿勢を保つためにも非常に重要なポイントになります。

自分の足のサイズに合わせて買ったのに、かかとが浮いて歩くとパカパカする、いつも同じ場所に靴擦れができる、外反母趾になった……など、足や靴のトラブルに悩んでいませんか？　靴のトラブルに悩んでいる人は、姿勢にも影響が出ている可能性が高いでしょう。

イタリアのファッションデザイナー、「スターの靴職人」と呼ばれたサルヴァトーレ・フェラガモは自叙伝の中で『あなたの足が変だとすれば、それは靴が悪いからです』と言っています。

足にいいのは、足が靴にゆったりと包まれるような靴だと思いがち。しかし実は逆なのです。

人間の足は、親指と小指の付け根あたり、かかと、の3点のアーチで立って歩くようにできています。ですから足の全面がついてしまうような、ゆったりとした靴は、体重移動がスムーズではなくなってしまうので、よい姿勢を保つのに適していません。

ちなみに、今流行りの軽い素材でできた幅の広いサボサンダルは、足には楽ですが、これを履いて歩き続けると体重移動が正しくできないため、姿勢にはとてもよくない履物です。

靴を選ぶ際は、かかとや甲がしっかりフィットする靴を選びましょう。靴の〝狭さ〟が、筋肉の代わりになってあなたの足を支えてくれます。

靴底は身体の状態を伝えてくれるメッセンジャー

あなたは靴底をこまめにチェックするタイプですか？　ほとんどの人が普段靴底を見ることはないと思います。

この靴底の減り方から、あなたの立ち方・歩き方の癖までわかります。毎日毎日履いている靴、身体を支えてくれている靴だからこそ、**靴底は「自分でも気づいていない、身体の状態を伝えてくれる無言のメッセンジャー」**なのです。

あなたの靴底は、一部が大きく減っていたり、左右均等でない減り方をしていたりしていないでしょうか。一部がすり減った靴底の靴をずっと履いていると、そこに体重が乗った状態で体のバランスを取ろうとするので、放っておくと腰痛などのトラブルを起こす原因にもなりかねません。
これまで何度もお伝えしているように、身体のトラブル・不調は、意欲減退や自信喪失にもつながるので、要注意です。

靴底の減り方をチェックしよう

今現在、身体に不調はなくても、靴底をチェックして、自分の履いている靴底の減り方を知っておきましょう。靴底の減り方で、あなたの姿勢の状態や身体の状態もわかります。

かかとのやや外側と、つま先のやや内側が減る

左右のかかとのやや外側が均等に減っていれば、歩き方に大きな問題はないといえます。

かかとのやや外側と、つま先のやや内側が減る

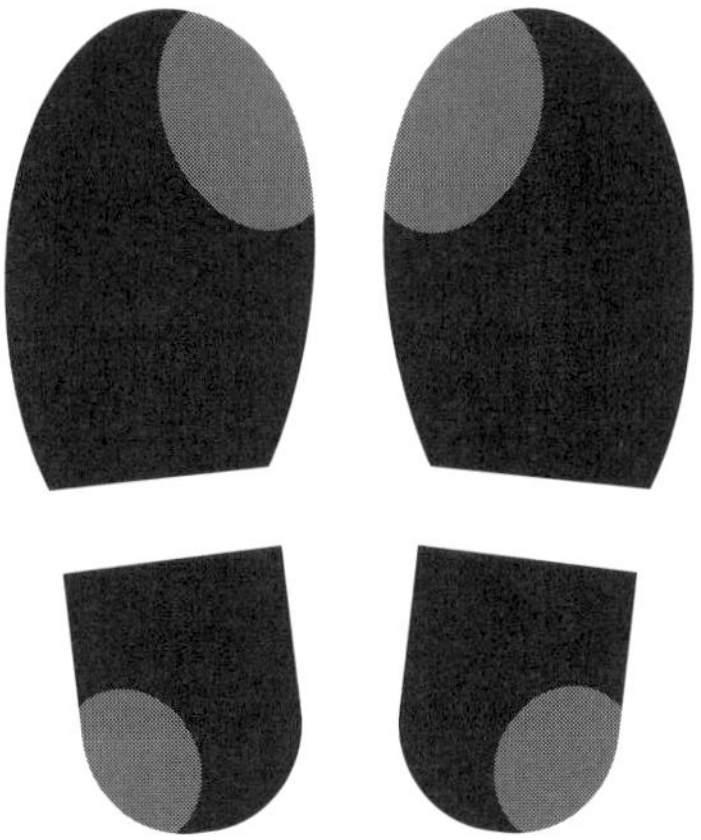

ここがバランス良く減っているなら、「かかとから着地し、重心が前に移動して、親指の付け根で地面を蹴る」という正しい歩き方ができている証拠です。

かかとやつま先の内側だけが減る

かかとやつま先の内側だけがすり減っているなら、内股やX脚など、歩くときの重心が脚の内側にかかっているか、偏平足（足裏のアーチがなくなって平らになる）の可能性もあります。

重心が偏った状態が長く続くと、外反母趾や、タコやウオノメ、巻き爪などを引き起こす可能性があります。バランスを崩して転倒しやすくなるので、足全体をしっかりと地面

かかとやつま先の内側だけが減る

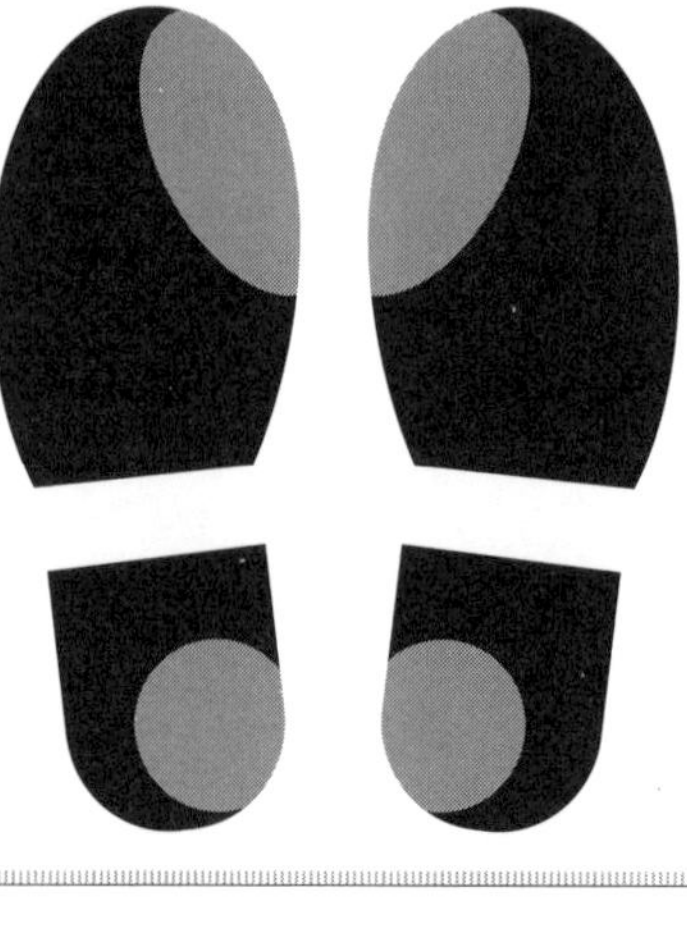

に着けて歩くようにしましょう。

かかとやつま先の外側だけが減る

かかとやつま先の外側だけがすり減っているなら、ガニ股やO脚など、脚の外側に重心がかかる歩き方をしている可能性が高いでしょう。足首やひざに負担がかかっているはずです。

この場合、脚の外側の筋肉が硬くなるため、下半身が太って見えたり、股関節を傷めたりする可能性もあります。

かかとだけが減る

つま先が減らず、かかと全体がすり減っているなら、背中を丸めて前かがみで歩いていてい

かかとやつま先の外側だけが減る

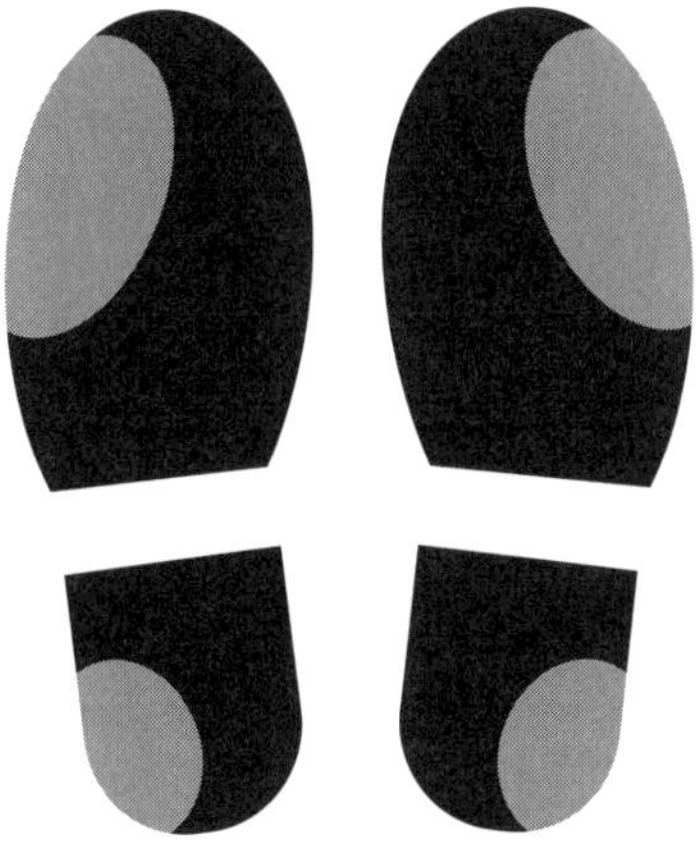

ることが多いといえます。肩が前・内に入ることで、歩くときに足が前に出にくい人も多いです。ビーチサンダルやスリッパでの歩行時にもよく見られます。

また、肩が前に入るので、肩こりや腰痛・便秘などになりやすくなります。

つま先だけが減る

かかとが減らず、つま先だけがすり減っているなら、歩くときの重心が前に偏っている可能性があります。これは、ハイヒールを履く女性に多い減り方です。

バランスをとるためにひざが曲がり、負担がかかってひざの痛みが出ることもあります。また、ひざが曲がったまま、無理に姿勢をよ

かかとだけが減る

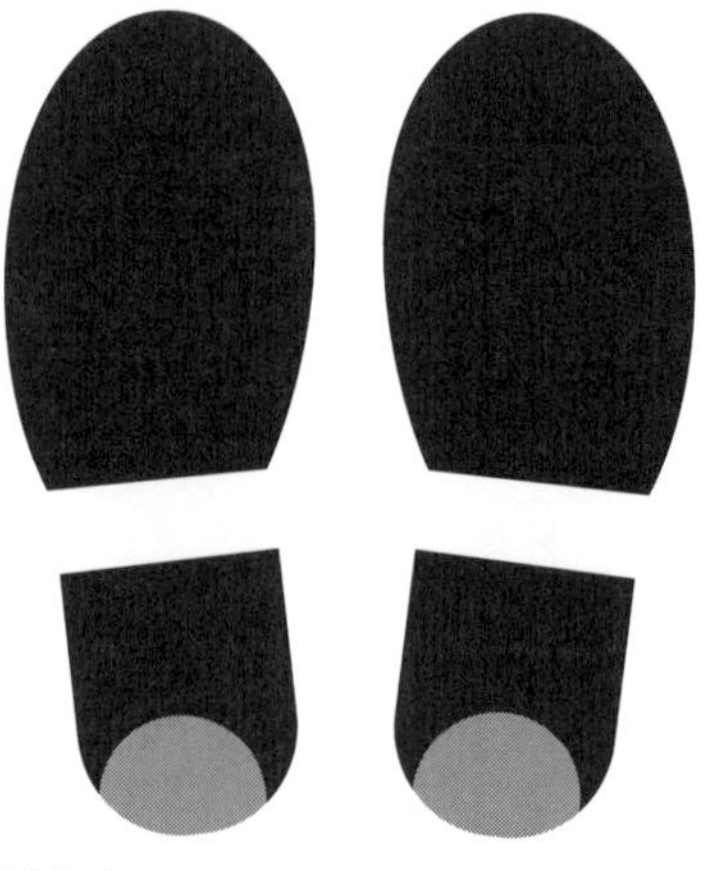

くしようと頑張ると腰が反り、背中の筋肉が硬くなって、腰痛を引き起こす場合もあります。

左右で違う場所が減る

靴底の左右、それぞれ違う場所がすり減っているなら、左右の脚の長さが違ったり、重心のかかり方に偏りができたりしている可能性があります。いつも片方で荷物を持ったり、脚を組んだりといった日常の動作が、左右どちらか一方に偏っていることも考えられます。

靴底にこのような明らかに大きな左右差がみられる場合、負担がかかっているほうのひざや股関節に痛みが出てしまうこともあります。

つま先だけが減る

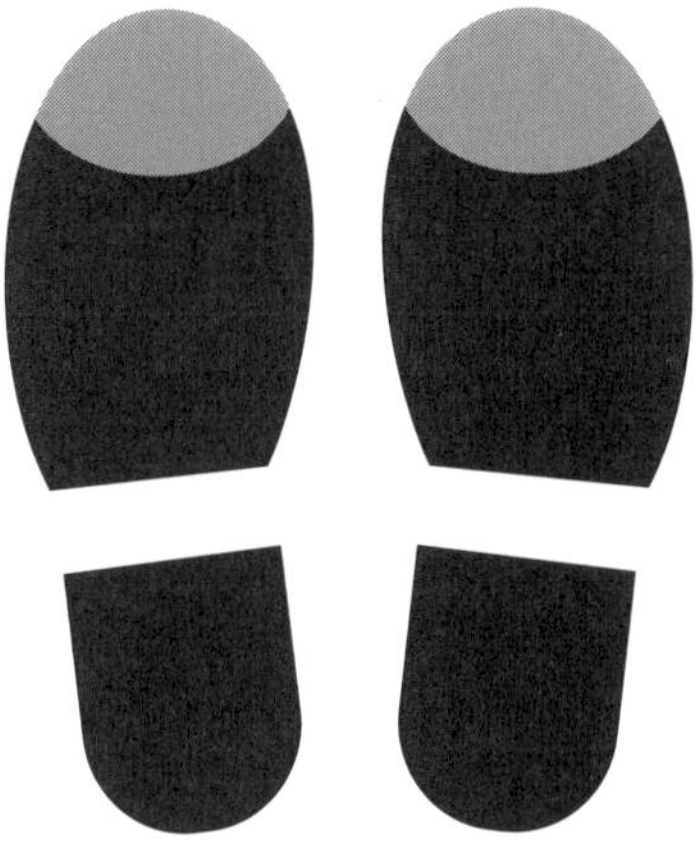

脚の長さが違う場合は専門家に相談し、インソールなどを入れて調整するなどしましょう。

靴底のチェックは姿勢のチェック

靴底の減りを意識してチェックすることはこれまでなかったと思いますが、これからは意識してチェックすることをおすすめします。

靴底をチェックするようになると、靴底の減りの状態から、自分の歩くときの癖や重心のかけ方が見えてきますから、自分の姿勢のチェックにもなります。

毎日身体を支えてくれる、靴底からのメッセージに耳を傾けるという意味でも、こまめ

左右で違う場所が減る

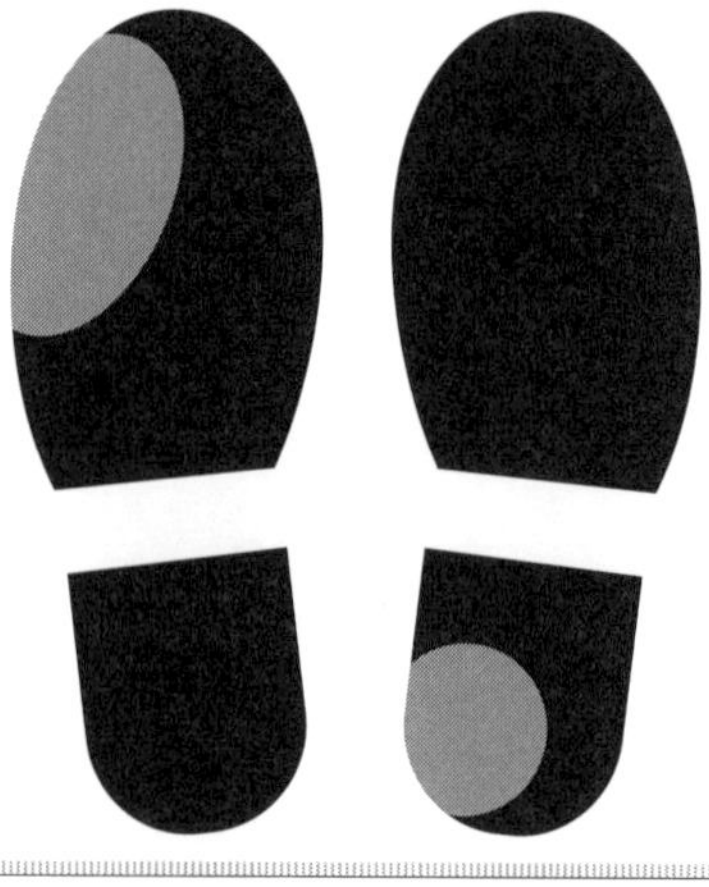

なチェックをおこないましょう。

姿勢がよくなると、靴底の減りがほとんどなくなるので、靴を買い替える機会も減りリーズナブルです。そのぶん、少し高価でもよい靴を買って長く履けますね。よい革靴なら、手入れをすればするほど、革靴の味が出てきますし、革が足に馴染み、歩きやすさが増すでしょう。

靴底を気にして、靴を手入れすることで、不思議とやる気が出たり、モチベーションがアップします。成功者ほど靴を大事にし、靴の手入れをかかさないというのは、そういう意味もあるのです。

靴がきれいだからといって悪い印象を抱く人はいません。たとえ高級な靴でなくても、靴底も気にして手入れをしている人なら、仕事も丁寧に違いないというよい印象になるでしょう。

Section
06
パフォーマンスを上げるのは正しい立ち方から

基本の立ち方をマスターしよう

ここまで読んでいただいて、「成功したければ、足元を整えることが非常に大切」という意味が理解できたでしょうか？　正しい立ち方は、すべての姿勢の基本といえます。

「人は見た目が9割」ですから、立ち姿勢、座り姿勢、歩き方等が見た目の印象を大きく左右します。**よい姿勢になれば「仕事ができそう」「信頼できそう」など、相手に好印象を与えることができる**でしょう。

そこで、基本の立ち方をしっかりマスターしてください。立ち方は、すべての姿勢の基本となります。基本はまず足元から。土台を整えて姿勢をとっていきます。

1. 左右の足のかかとをつけて、つま先はこぶし一つ開けます。次にかかとを上げてつま先立ち状態になり、遠くを見るように目線を上げる。こうすることで首が長く伸び、自然と胸が開いて首筋がスッと伸びます。

2. 目線の高さをキープしながら、かかとを下ろします。かかとからまっすぐ上に伸ばしたラインに頭をもっていき、耳、肩、腰、くるぶしが一直線に揃うように。このとき、ひざを伸ばすことにも意識を向けましょう。ひざを伸ばすことで、身体の筋肉を使って立てます。

3. あごを引いて基本の立ち方が完成。

集中力をアップするためには筋力が必要

集中力は、姿勢と筋力が密接に関係しています。人の動作は、立つ、歩く、座る、走る、しゃがむなど、何をするにしても足腰を使っているのに、足腰が悪かったり、筋力が衰えたりしたら姿勢を維持できません。

集中力が低下するのは、脳が疲れた、衰えたというのではなく、姿勢を維持できないせ

いといえるでしょう。姿勢を維持するためには、筋力が重要なのです。

よい姿勢で立つことは、身体の筋肉を使って立つということになるので、筋力アップにもなります。よい姿勢を保つためには筋力が必要ですから、**「よい姿勢を意識する→筋肉を使うので筋力アップ→よい姿勢を保つ筋力がつく」**という相乗効果につながります。

よい姿勢によって筋力がついてくると、足裏で地面を押す力も増すので、地面からの力を身体で感じることができるようになるでしょう。よい姿勢で、地面を足裏でしっかり押して立つこと

つま先立ちで、よい姿勢に

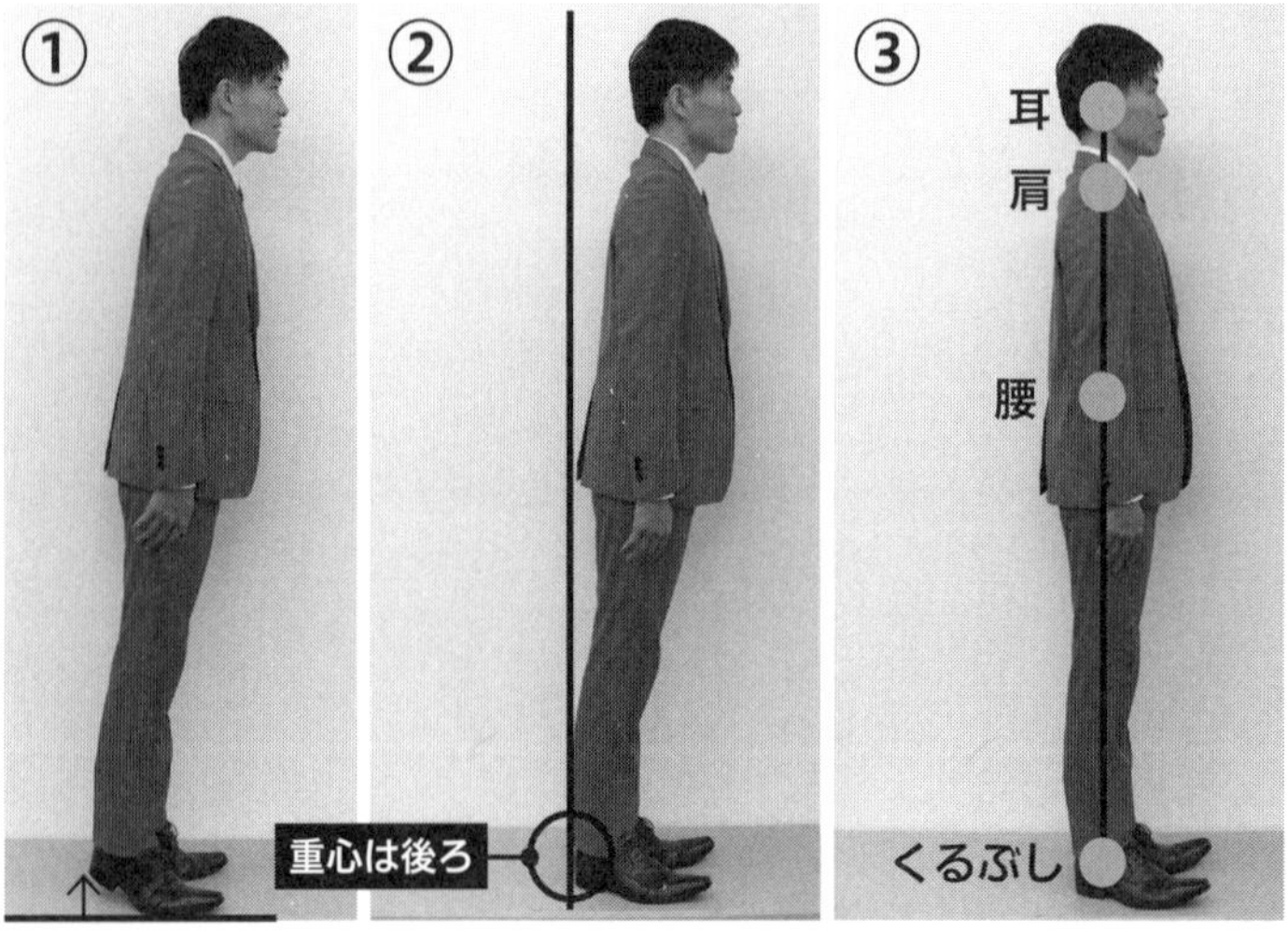

で身体の筋肉を使い、その結果、血流もよくなり酸素の巡りもよくなります。

ですから、**よい姿勢は集中力がアップし、パフォーマンスを上げる**ことになるのです。パフォーマンスが上がれば、よい仕事につながり、自分に自信を持てるようになります。

パフォーマンスを上げたいなら姿勢を正せ

いい姿勢と自信に関しては、論文としても過去に発表されており、猫背で物事を決断するより、よい姿勢で決断した方が、決断後の結果に自信が持てるというデータが出ています。

楽しい人生にしたいなら、「楽しいから笑う」ではなく、「笑うから楽しい」と言われるのと同じで、**「自信があるから姿勢がよい」ではなく、「姿勢がよいから自信が持てる」**ということなのです。

「仕事が面白くない」という人は、姿勢がよくないために自分自身の能力に自信が持てない、というのも一理あるのではないでしょうか。

つまり、姿勢が脳の状態、つまり感情をコントロールしているといえます。よい姿勢をつくるために必要な筋力を持っていないと、感情をうまくコントロールできなくなります。筋力をつけたいなら、まずは「姿勢を正す」こと、そしてよい姿勢でウォーキングをすれば、より早く効果を得られます。

落ち込んだ気持ちを無理やりに持ち上げて、集中力をアップさせるのはなかなか難しいでしょうが、**姿勢を正すなら誰でも思いついたときにすぐにできます**よね。

ただし、「よい姿勢にしなければいけない」とずっと意識を向けていると、それがストレスになることもあります。ですから、普段から自然とよい姿勢でいられることが大切です。筋肉を緊張させて、固めてよい姿勢にするのではなく、リラックス状態でもよい姿勢でいられるようになれば最高です。最初はよい姿勢に意識を向ける期間が必要ですが、やがていつでもよい姿勢でいられるようになります。

そうなれば、いつでも自然にパフォーマンスが上げることが可能となるでしょう。

Chapter 06

差をつける一日の過ごし方

06

Section

01

日常生活の中で、出来ることがある

日常生活の中の動作を運動化する

姿勢は、私たちが朝起きて寝るまで1日を過ごす中でずっとついてまわるものです。その中でも、現代人は座っている時間がどんどん長くなってきており、このような日常生活では運動不足による筋力低下が否めず、姿勢がどんどん悪くなるばかりです。

かといって、まとまって身体を動かす時間が取れない人も多いでしょう。ですから、私はそんな人にこそ日常生活の中で、姿勢をちょっと意識することをおこなってほしいと思います。

日常生活の中で、毎日当たり前にしていることの動きを、意識してちょっと工夫して変える。つまり日常生活の中の動作を運動化することで、よい姿勢を習慣化させるのです。

最初は違和感、けれど継続することによって当たり前になる

あなたは、生まれてからこれまでの長い間、無意識で続けてきた「あなたが楽だと思う姿勢」に慣れていて、それがどんなに悪い姿勢であったとしても、「今の姿勢でいること」が楽なはずです。

これまでどんなふうに立っていたか、重心はどのようにかけていたか。立つとき、歩くとき、どこの筋肉を主に使って動いているのか……。それらは、あなたが意識している、していないにかかわらず、それらの一つひとつが、あなたの「姿勢の常識」になっています。

ですから、**最初はよい姿勢をとるとこれまでと違う姿勢になり、「楽な姿勢」ではなくなるので、ちょっとしんどいな、といった違和感を持つ**と思います。

たとえば、猫背など前重心で立っている人にとって、よい姿勢は身体の真ん中に重心を持ってくるので、重心の位置が以前よりも後ろになります。そのため、最初は後ろに倒れ

そうな感覚になるでしょう。

いつも右足に体重が乗っている人にとっては、身体の真ん中に重心を持ってくると、重心の位置が以前よりも左になるので、見た目はまっすぐなのに感覚的には歪んで立っているように感じます。


このように最初は違和感を持っても、日々のよい姿勢を意識した積み重ねによって、今までの姿勢の常識を覆していきます。**慣れた姿勢をリセットしていくことで、やがて違和感から「よい姿勢が当たり前の状態」に変化していく**のです。

また、よい姿勢に変化する過程で、今まで使えていない筋肉を使うことも増えてくるでしょうから、**知らず知らずのうちに筋トレをしていることにもなり、筋力アップも期待できる**でしょう。

継続するためにはハードルを下げることがポイント

とはいうものの、「しんどい」と負担になると、続けることができなくなります。よい姿勢になるためには、続けられないと意味がありません。人間は「楽しいことは続けられる」生き物ですから、毎日の日常の中で気楽に楽しんでできる工夫が必要です。

まずは、続けるために、ハードルを下げましょう。1日にあれもこれも絶対やらなければいけないとか、そんなふうにハードルを最初から高くする必要はありません。**ハードルを下げて、続けることが大事**です。続けていくことによって、いつの間にか習慣となり、習慣化されると続けることが普通になります。そうして普通に、日常の中でできるようになります。

ハードルを下げるということは、次のように考えることです。

- 1日に何度もしている事なら、1日1回でも大丈夫
- 3つしている事なら、ひとつでOK
- わざわざ、そのために時間を作らなくてよい
- 完璧にできなくても、それでOK

こうして簡単なことを続けると、習慣化されていきます。

- 歯磨きをしながら、頭の位置を気にする
- テレビを見ながら、手ぬぐい体操をする
- 赤信号で待つ時に、背筋を伸ばす
- エレベーターの中で、壁立ちをする
- ホームで、自分が東京タワーになったイメージをして立つ

のように、日常生活の中で特別な時間を作ることなく、楽しく続けられるような「ちょっとしたトレーニング」をすると、続けられそうですよね。

では、次からよい姿勢が習慣化される方法を、いろいろとお伝えしていきます。

Section 02

外出前に、一秒で出来る姿勢チェック

鏡の前で洋服だけでなく、姿勢もチェック！

服を選ぶとき、服を着たとき、外出する前など、鏡を見て服装をチェックすると思いますが、男性は女性に比べて鏡を見ることが少なく、全身を映して見るのは1日に1回もない、という人もいるようです。

成功したいなら、今日から鏡に全身を映して見ることを意識してみてください。洋服のコーディネートだけでなく、そのとき一緒に**「今日の姿勢をチェック」**しましょう。

長い年月をかけて、今の姿勢を作り上げたのですから、一朝一夕にはよい姿勢になれることはありません。ですから、**鏡に全身を映して姿勢をチェックすることを習慣化**してほしいのです。

鏡だけでなく、街の中でもお店のウィンドウなど、全身が映るところではちょっと自分の姿勢を見てみるといいですね。そうすることで、外出先でもよい姿勢に意識を向けやすくなります。

出かける前に玄関でチェックするポイント

出かけるときは、靴を履いたあとにすぐに出かけるのではなく、玄関で姿勢をチェックしてから出かけるようにしましょう。

最初は慣れなくても、毎日続けることでササッとチェックできるようになりますから、時間もそうかかりません。

それでは、出かける前の姿勢チェックのポイントをお伝えします。

壁立ちチェック

まず、その日の腰の状態を「壁立ちチェック」で確認します。玄関にチェックできるような壁がない場合は、部屋の壁でチェックしましょう。

姿勢の各ポイントを確認

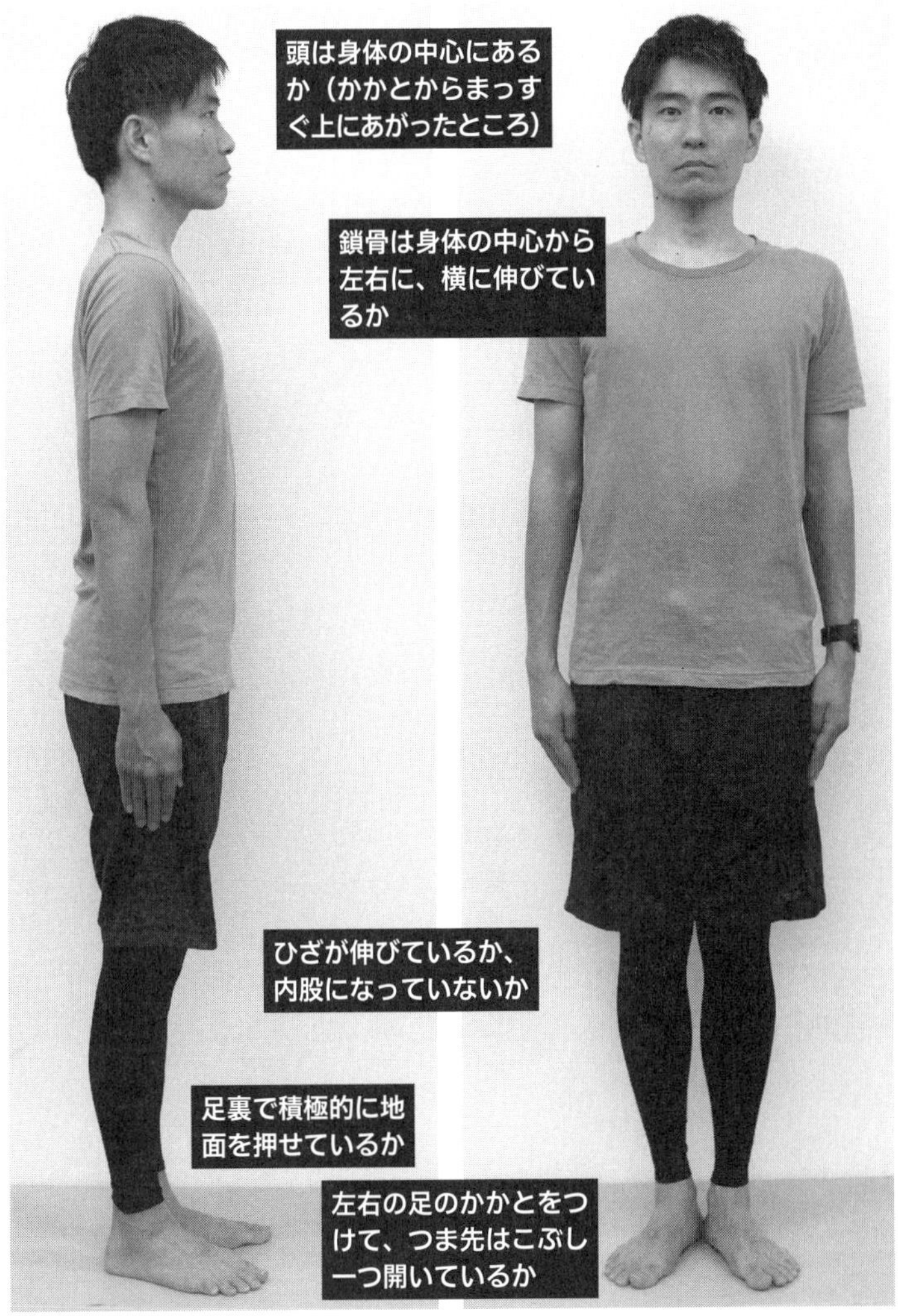
頭は身体の中心にあるか（かかとからまっすぐ上にあがったところ）
鎖骨は身体の中心から左右に、横に伸びているか
ひざが伸びているか、内股になっていないか
足裏で積極的に地面を押せているか
左右の足のかかとをつけて、つま先はこぶし一つ開いているか

①壁にかかと、お尻、肩甲骨、後頭部をつけて立つ。このとき、両足のかかとをつけ、つま先をこぶし1個分開く。上から見たときに足元がハート形になっているように立つ。

②壁と腰の間に、片方の手を入れて、隙間がどれくらい空いているかをチェックする。壁と腰の隙間に、片方の手のひらがちょうど入るくらいが、身体の軸がまっすぐになり、骨盤が正しい角度となったベストな状態。

毎日の姿勢チェックで、よい姿勢が習慣化しやすくなる

この外出前の姿勢チェックを毎日続けて、習慣化することによって、その日1日の姿勢に対する意識が変わります。意識が変われば、姿勢も変わっていきます。

とくに重要な商談のときなどは、必ず姿勢チェックをしてから出かけましょう。鏡の前で姿勢を整えることで、心も整います。大事な場面で気持ちが負けません。

Section 03

外ではいつもより上を見る

いつも視界には何が見えていますか？

普段、外を歩いていると、住宅地の家や神社の樹木、大きなビルやお店や銀行など店舗の看板など、いろいろなものが視界に入ってくると思います。

外を歩いているとき、いつもあなたの視界には何が見えているでしょうか？　姿勢が悪い人は、外を歩いているときの視界が低いことが多いのです。

姿勢が悪いと、視線が下を向きます。目の前の道路だけを見て歩いているような人もいます。家の壁は見えるけど、屋根が目に入らなかったり、入り口は目に入るけど、建物が見えていなかったり。あなたの外の記憶は、そのような景色になっていませんか？

外で簡単にできる、姿勢をまっすぐにする方法は、この無意識に視界に入っている日常の景色を利用します。

看板ならいつもより少し上を見る

無意識に見ている景色を、いつもより少し上を見るように目線を上げましょう。目線を少し上げるだけで、頭の位置が前に落ちるのを防ぐことができます。

たとえば街中にある看板なら、いつも見えている文字より少し上をみるようにします。銀行の『○○○銀行』という縦型の看板で、いつも『行』の文字が自然と視界に入ってい

いつもより目線を上げて

るようなら、目線を上げて『行』よりも上の文字を積極的に視界に入れてみるのです。神社の樹木なら、幹ではなく枝や葉の部分、家なら壁ではなく屋根まで目に入るように視線を上げることで、頭が上がり、丸まった背中も伸びます。

視線が上がると気持ちも上がる

このように視線を上げると、目に入る光も多くなります。「目の前が明るくなる」という言葉があるように、目に光が入ることは幸先がよいという感覚になりませんか？　なんだか自分の未来も明るく開けてくるような、ワクワクとした気持ちになるでしょう。

人は辛いことがあると下を向いてしまいますが、上を向くことで気持ちが前向きになるのです。だから、気持ちを上げたければ顔を上げればいい。

目線を上げて視界を広げるということは、姿勢がよくなるだけでなく、実際の目から見える視界が広がることで、自分の未来も拓くパワーになります。ぜひ、毎日積極的に目線を上げてみてください。

Section

04

赤信号で楽しみながら姿勢チェック

赤信号で立ち止まったときこそ

街中を歩いていて、赤信号で止まるとなんとなくマイナスなイメージがありませんか？「赤信号に引っかかる」と言いますが、この言葉自体マイナスですよね。進みたいのに、赤信号で止められたと感じてしまう。「早く行きたい」「時間の無駄」と思う人は多いでしょう。とくに時間がないときは、マイナスイメージが強くなります。

でも、どんなに焦っても青信号になるまで待たないといけません。どうせ待つなら、その待ち時間に姿勢のチェックを習慣づけましょう。そうすると、早くよい姿勢に近づくことができます。

連想ゲームで姿勢チェック

赤信号は「赤色」です。この赤から連想ゲームで姿勢チェックができます。

本書の3章で、頭は思っている以上に重く、体重が50kgだと約5kg、60kgの人で約6kgあり、スイカのかなり大きめの大玉と同じくらい、とお伝えしましたね。

そこで「信号が赤色」、赤色といえば「スイカ」、スイカといえば「頭の重さ」と連想してみましょう。連想したら、「頭の重さを環椎後頭関節《かんついこうとうかんせつ》に乗せる」ことを思い出してください。

こうすることで、赤信号での待ち時間もちょっと楽しみながら姿勢チェックをすることができます。**赤信号で止まるたびに、姿勢チェックをして頭の位置を修正**するようにしましょう。

待ち時間に姿勢再確認

赤信号で止まった時は、絶好の姿勢再確認タイムです。信号の待ち時間に、**「頭の位置・肩や腰の状態・重心がどこにあるか？」をチェック**します。

特に早く歩いているときは、前かがみになりがちなので、立ち止まったときが身体の確認タイムになります。

「まっすぐ立てているか？」「重心は足のどこに乗っているか？」など、細かく自分の姿勢をスキャンするようにチェックしていきます。

その都度、重い頭の位置を戻し、かかとの真上になるように頭を置く。そして、重心はつま先側でなく、かかとに乗せる。こうすることで、おなかに力が入ります。頭の位置がかかとの真上に来ると、背筋も自然と伸びて、背中の丸みがなくなりよい姿勢に戻ります。

「赤信号、姿勢チェックでよい姿勢」で、赤信号で立ち止まるたびに姿勢チェックを習慣づけましょう。

Section 05

バッグをダンベルの代わりにする

バッグをいつも同じほうの手で持っていませんか？

外出時にはバッグを持って出かけると思いますが、このバッグをどのように持っていますか？　いつも同じ方で持っている、または肩にかけているという人は要注意です。なぜなら、いつもバッグを持っている側の肩がバッグの重みで下がっている、または肩にかけたバッグがずり落ちないように、肩を上げている場合が多いからです。

片側の肩が下がったり上がったりしているということは、鎖骨が身体の中心から左右に、横に伸びていない状態。つまりよい姿勢でなくなっているということです。重心が片側に偏るため、それを補おうとして、必ず姿勢が崩れてしまいます。

意外と重い仕事用バッグをトレーニングに使おう

プライベートで出かけるときは、財布にスマホだけ持って身軽に出かけるという人も、仕事の場合はそうはいかないでしょう。仕事用バッグには、仕事に必要なものをいろいろと入れているはず。

書類・ノートパソコン・手帳・財布・名刺入れ・スマホ・バッテリー……など重さの原因となる荷物が多く入っています。これらで、ざっと2～3kgほどの重量があります。

これにバッグ自体の重さが加わると、3～4kg前後の重量にもなってしまい、お弁当や、ペットボトルの飲物を入れる人であれば、もっと重くなります。

この重さが、毎日同じ肩にかかっています。これでは毎日姿勢を悪くする習慣を身につけているようなもの。同じ重いバッグを持つなら、よい姿勢にするための習慣に変えていきましょう。

この重いバッグがダンベルの代わりになり、かなりのトレーニング量になります。毎日「バッグが重い」「持つのがしんどい」と憂鬱になりながら悪い姿勢を刻み続けるなら、バッグをダンベルにしてよい姿勢に修正しつつ、筋トレもしていきましょう。

バッグを身体の前で持たずに、肩より後ろで持つ

バッグを持つとき、身体の前で持っていませんか？　重いバッグを身体の前で持つと、その重さで肩が前にきて背中が丸まってしまい猫背になり、バッグの重さが背中や腰に負荷をかけ、実際よりも重く感じてしまいます。そこで今日から、**バッグは身体の後ろ側で**持ってみてください。

持ち方ひとつで毎日のエクササイズにもなるし、見た目もよくなります。

①バッグを手に持つ
②持っているほうの肩を、前から後ろにぐるっと回す
③肩が腰の位置より後ろに来たときに、そのまままっすぐ下におろす。
④歩くときバッグは、腰より後ろに持つようにする。ひざより前に出さないこと。「肩を背中に寄せるようにして、バッグを持つ」のがよい姿勢になるポイントです。

バッグは肩より後ろで持つ

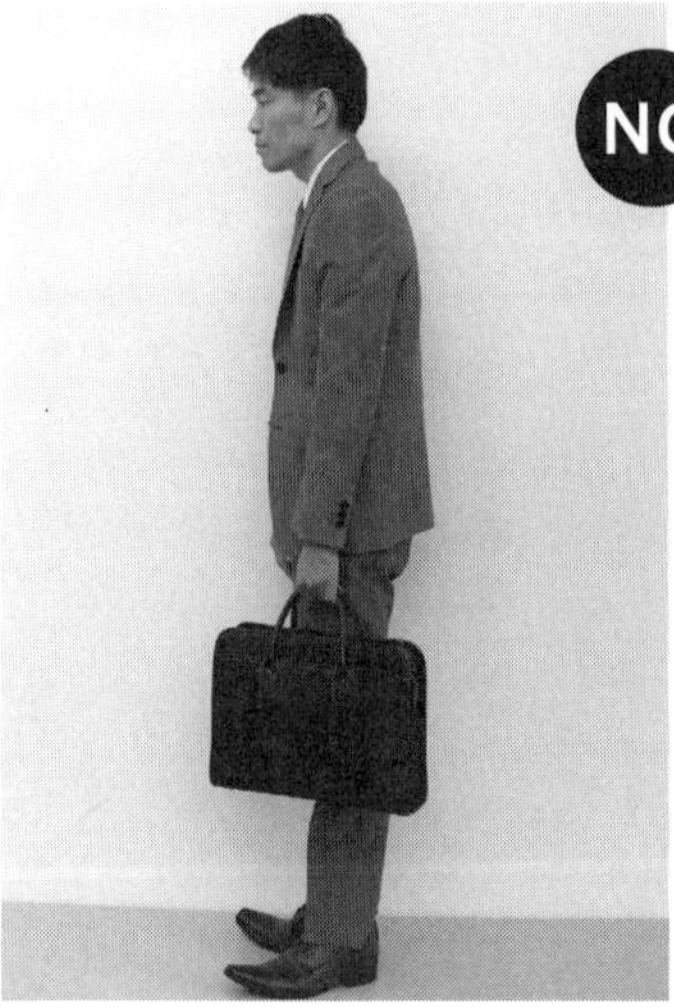

バッグを左右に持ち替える

バッグは、意識して左右に持ち替えるようにしてみてください。「なんとなく持ちにくい」と元に戻さずに、いつもと反対の手に持ち替えます。たったこれだけで、日々の身体の習慣が変わり、身体の歪みを少しずつ整えていくことができます。

とはいえ、仕事帰りの疲れているときは、慣れたほうで持ちたいもの。ですから、バッグの持ち替えを提案するのは、出かけるときです。出かけるときに、いつも慣れているほうと反対にバッグを持ったり、バッグを肩にかけたりしましょう。

だんだんと慣れていないほうでバッグを持っても違和感がなくなってきます。そうなったら、出かけるとき、帰るときに、バランスよく左右に持ち替えて歩けるようになるはずです。

これまで片側だけでバッグを持っていた人は、片側だけ毎日トレーニングしていたことになります。これからはバッグを持ち替えることで、両側を均等にトレーニングするようにしてください。

Section

06

つり革を持たずに、体幹トレーニング

日常の中でよいトレーニングを積み重ねよう

移動に電車やバスを使う人は、移動中にトレーニングができます。ただし、疲れているときなどは安全のためにもおすすめしませんが、朝や日中の元気なうちは移動中の時間を有意義に使ってトレーニングタイムにあててみましょう。

私たちは日々、いろいろな場所で立ったり座ったりしていますが、誤ったトレーニングをしていることが非常に多いと気付きます。これらが少しずつ積み重なって、今の姿勢が作られているわけです。

それらをよいトレーニングに変えていくことで、よい姿勢に近づいていくことが可能です。

電車で立つだけでトレーニングになる

これまで移動中に、ドアや壁にもたれて立ったり、つり革を持った状態で、片足に重心をかけていたり、脚をクロスしたり、かかとの内側や外側に体重をかけて立っていたなら、骨盤に均等に体重がかからず、身体の歪みの原因になっているかもしれません。

そこで「安全を確保しておこなう」ことを第一に、が前提ですが、**電車やバスの中で、つり革を持たないで立つ**、ということをやってみましょう。

足を肩幅に開いた状態で、頭の位置を気にしながらあごを引き、目線は前におきます。そして背筋を伸ばしたよい姿勢で、下腹部に力を入れて、足裏で床を押して立つようにします。そのままのよい姿勢を保ったまま、揺れに耐えましょう。

電車やバスで立っているときに、重心がぶれないようにイメージして、**揺れに耐えながら立つと、これだけでも体幹に意識が向いて、トレーニングになる**のです。

ただ、バランスをくずしたときに転倒したりしないように安全に留意し、周りの人に迷惑をかけないように、すぐにつり革や手すりにつかまれるようにしておきましょう。そのためには、進行方向を向いて立つことをおすすめします。

移動中のスマホで気をつけるとよいこと

電車やバス内ではスマホを見ている人がほとんどです。このとき、うつむきの姿勢になっていますね。この姿勢は猫背になりやすく、ストレートネックになる危険性も高まります。

また、二重あごやたるみ、老け顔の原因にもつながりますし、後頭部の筋肉が硬くなるので、肩こりや頭痛、眼精疲労などが起きやすくなります。

そこで、移動中にスマホを見るときは「目の高さでスマホを見る」ようにしましょう。このときも、なんとなく目の高さにするだけでなく、**肩甲骨を背中にぐっと寄せて、あごを引いてスマホを見るようにすると**、背中のトレーニングにもなります。

このように、どんな姿勢のときでも意識次第で小さなトレーニングを積むことができるのです。

Section

07 姿勢よく階段を上がってトレーニング

つま先で階段を上がっていませんか？

駅などでエスカレーターを使わずに階段を使い、少しでも運動をしようと意識している人もいらっしゃるでしょう。その意識はとてもすばらしいです。

しかし、階段を上る人を見ていると、ほとんどの人がつま先、もしくは土踏まずまでを段に乗せ、ひざを曲げて上がっています。この上り方は、足を大きく動かさずにすむ上り方ですが、前重心になりやすいため、階段を踏み外す大きな原因になります。また、身体が不安定になるので、足元を見ながら階段を上がっている人もいます。

つま先で階段を上がるトレーニングもあります。ふくらはぎが鍛えられ、血流がよくなり、むくみの解消になりますが、**安全に上りながら筋トレをおこない、よい姿勢をつくっ**

ていくという意味では、「かかとまですべてを段に着地させる」ことが重要です。

足裏全体、かかとまでを段に乗せて階段を上がろう

階段ではかかとまで足裏全体を乗せて、身体を安定させてから次の一歩を出します。このとき、背中を伸ばして、視線は正面、まっすぐ上に上ることで体幹を使います。また、普段あまり使わない太ももの後ろからお尻の筋肉を使うので、身体の後ろ側の筋肉を鍛えることができます。

かかとまでを段に乗せて階段を上がるというのは、**トレーニングという面でも、「姿勢よくカッコいい」という見た目の面でも、ひざを痛めないという健康面、また階段を踏み外しにくいという安全面からもおすすめ**です。

背中を伸ばして姿勢よく、かかとの上に頭の重さを乗せましょう。お尻もグッと上がり、脚が長く見えますよ。

よい姿勢をつくるための階段の上がり方

階段を上ることは、下半身の筋肉をまんべんなく鍛え、平衡性と股関節の柔軟性も高めることができるので、最高のプライベートジムになります。

①両足のつま先を正面に向けて、背中を伸ばし、かかとまで階段の段に乗せます。

②片方の足を上の段に乗せて体重をあずけたら、前側の脚を伸ばしながら身体を真上に引き上げる。同様にゆっくりと左右交互に足を進めて階段を上がります。

前側の足で階段を踏みしめるようにゆっくりと上りましょう。後ろ側の足では階段を蹴らないように、一歩ずつひざを伸ばしながら上がります。

Section

08 スマートな階段の下り方でトレーニング

階段を下りるときに身体にかかる負荷

階段を上がるときに筋トレができるのと同様に、階段を下りるときにも筋トレができます。実は、**階段を上るときよりも下りるときのほうが身体に負荷がかかる**のです。この負荷を刺激として身体が感じることで筋トレになります。しかし、負荷のかけ方一つで身体を鍛える事もできますが、正しく階段を下りないと身体を痛める原因にもなります。

階段を下りるとき、背中を丸めて、足元を見ながら下りる人が多く、階段を踏み外すのが怖いから、ひざを曲げてドンドンと階段を下りてしまう。これでは、ずっとひざに体重がかかり、ひざを痛めてしまうことになりかねません。

階段を下りるとき、体重の6~8倍もの負荷が、足が着地した瞬間に身体にのしかかっています。体重が60kgの人なら、360~480kgの負荷がかかっているのです。また、急いでいるときなどに階段をいきおいよく下りると、そこにスピードが加わるので、さらに何倍もの負荷がかかることになります。

その負荷を正しく階段を下りることで、上手く活用して筋トレにつなげましょう。

階段の高さは変わらない

階段を下りるときに足元を確認しながら下りようとすると、背中を丸めることになり、頭が前に落ちてしまいます。重い頭が前に落ちると、前に転ぶ危険性も高まります。

普通に階段を下りていれば、階段を踏み外しても頭から落ちることはなく、お尻から落ちるのですが、それを怖がって足元を見ながら下りると、かえって頭から落ちてしまうことになってしまいます。

階段の構造上、段の高さは上から下まで同じ高さなので、2~3段だけ高さを確認するために足元を見て下りてみてください。あとは感覚で段の高さがわかるので、ずっと下を向いて下りる必要はありません。

片足で立っている時間が筋トレになる

階段を下りるときは、背中を伸ばして、視線は正面、まっすぐ下に下ります。正しく階段を下りることで、お尻・太もも裏の筋肉を鍛えることができます。

①両足のつま先を正面に向けて、背中を伸ばして片方の脚を伸ばしたまま前に出して一本の足で立つ

②身体を支えている足のひざを曲げ、反対の足のつま先を伸ばして、下の段につま先から着地。重心を下の段に移動し、その足で身体を支える。ゆっくりと左右交互に足を進めて階段を下りる。

この繰り返しで、片足で立っている時間が筋トレになります。**階段を下りてお尻と太もも裏に刺激を感じられれば、正しい動作ができている証**です。

Section 09

ゆっくりと座るだけで脚力がつく

椅子にドスンと座らない

椅子やソファに座るとき、トイレの便座に座るときに、「どっこいしょ」などの声を出してお尻からドスンと勢いよく座っていませんか？ このように重さ（引力）だけでドスンと座るのはＮＧです。

ドスンと座る人は、お尻から落ちるように座ります。そして、ひざが最初に曲がっている人が多いのです。股関節が硬くなり、うまく使えていないのが主な原因ですが、抗重力筋と言われる背中・お尻・太もも・ふくらはぎのどれかの筋力が落ちているケースも多くみられます。

このような座り方を続けていると、ひざを痛めたり、太ももの前だけが張ってくる可能性もあります。

ドスン座りはビジネスパーソンとしての格が下がる

椅子にドスンと勢いよく座るのは、身体の面からよくないだけでなく、ビジネスの場においてこういった座り方をするのは、**ビジネスパーソンとしての格も下がります。**

社内だけでなく、取引先や接待などの会食の場などで、目の前でドスンと座られるとどうでしょう? 横柄で気が利かない人、粗暴な人、といった印象を持ってしまいますよね。

ドスンと座るのがクセになっている人、ドスンとしか座れない人は前述したように股関節が硬くなってうまく使えていない、抗重力筋の筋力が落ちているなどの原因がありますので、今すぐ改善していきましょう。

ゆっくり座ると格が上がる

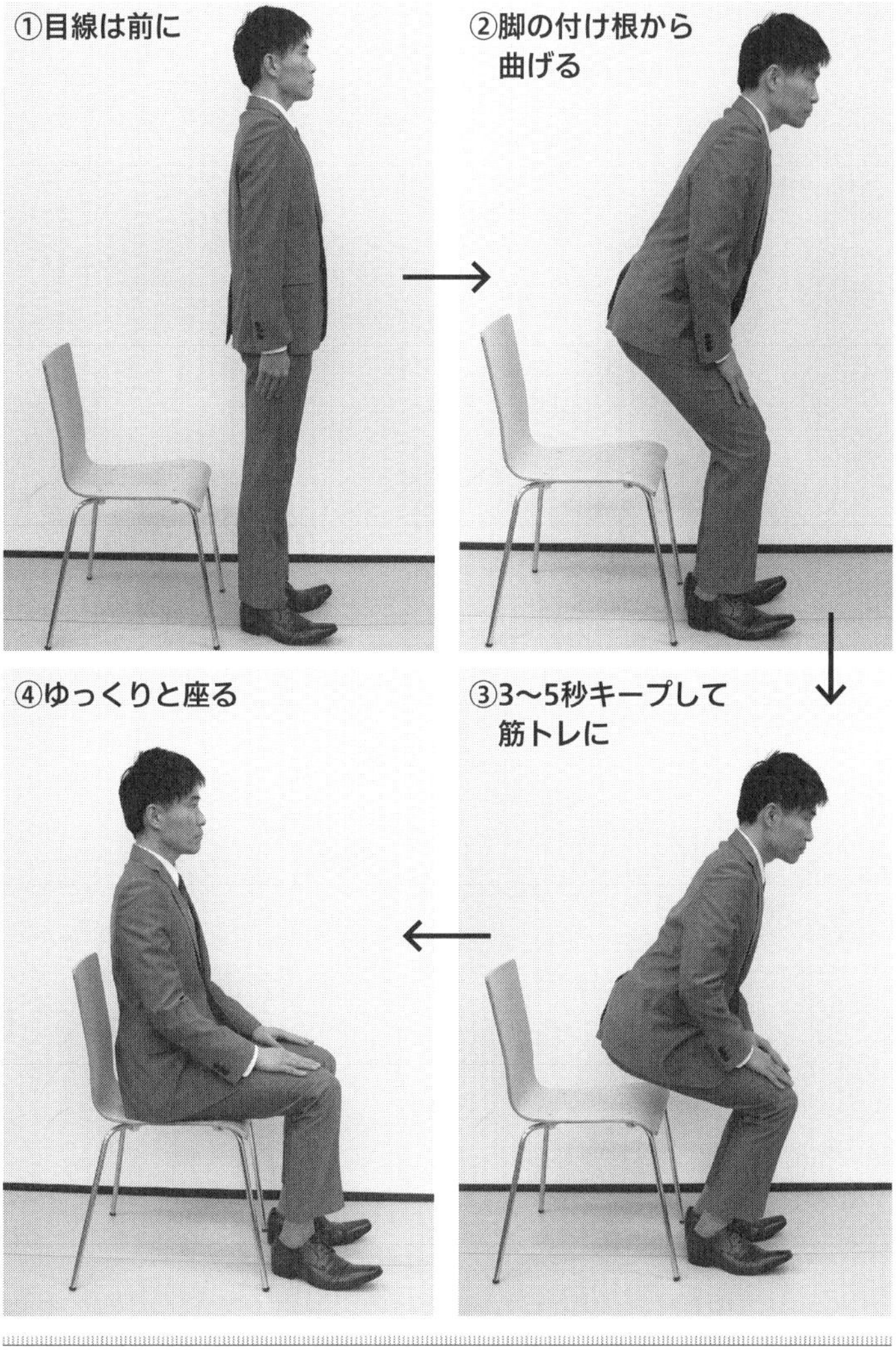
①目線は前に
②脚の付け根から
曲げる
③3〜5秒キープして
筋トレに
④ゆっくりと座る

キレイに見えて、さらに筋トレになる座り方

座るときには股関節を意識して、まず股関節を曲げてからひざを曲げてゆっくり座るようにします。それだけで見た目にもキレイで、**お尻や太ももの後ろの筋肉を使えるので、筋トレになる**のです。

①目線は前に。背筋を伸ばしたまま、脚の付け根（股関節）を最初に曲げて、お尻を後ろに突き出すようにしながら、股関節とひざを曲げていく。このとき、お尻から太ももの後ろがピンと張ったような感じがあればＯＫ。プルプルすればさらに効いている証拠。

②ドスンと落ちないように、ゆっくりとお尻を後ろに引いて、下げていく。そのまま座れば、立派な筋トレになる。

時間があれば、座面すれすれで止めて、３～５秒キープして座ると、さらに筋トレになります。

Section 10

ちょっと立ったときに「ながらトレーニング」

ちょっと立ったときも有効に活用する

デスクワークの多い人は、仕事中に立つ機会がとても少ないと思います。立つことが少ないということは、これまでにも述べたように身体にとってはよくない状態であるということ。

そこで、ちょっと立ったときに「ながらトレーニング」で時間を有効に活用するようにしましょう。ちょっとの時間でも、毎日続けることで必ずあなたの身体は変わっていきます。

毎日続けるコツは、**毎日おこなうことに紐づけてやる**ことです。例えば、コーヒータイムなどの休憩時間、トイレに立ったとき、コピーを取るとき、などです。

腰が固まらないように「腰回し」

腰は身体の要ですが、座っている時間が長い人ほど腰が固まり、腰痛になってしまう人が多いです。だから、とにかく**立ったときには腰を動かすようにして、固まらない努力が必要**になります。4章の腰回しストレッチが効果的です。

腰回しストレッチ

①足を肩幅に開き、腰に手を添える。
②右にグーッと腰を突き出す。
③②と同じ要領で、後ろに腰を思いきり突き出す。
④次に左、その次に前に腰を大きく振って腰を動かす。
⑤右、後ろ、左、前と、4点を丸く結んで、腰で円を描くように回す。これを気持ちいいと感じるくらいまでおこないます。円を描くように回すほかに、同じ要領で8の字を描くように回すと、さらに動きが出て効果的です。

ふくらはぎの筋力アップ「つま先立ち」

「つま先立ち」は体重という負荷がかかるので、第二の心臓といわれるふくらはぎの筋力アップには効果的です。

デスクワークの合間に立つ機会があったとき、また電車待ちのとき、人を待っているときなど、立っているときならいつでもどこでもできます。

つま先立ち

① 足を肩幅に開きます。
② 背筋を伸ばして、つま先で立ち、かかとを上にあげる。
③ 5秒ほどキープして、足首にキュッと力が入るのを感じたら下ろします。
④ これを3分ほど繰り返します。

ポイントは、ゆっくりおこなうこと。ゆっくりかかとを上げ、ゆっくりとおろしましょう。ゆっくりおこなうことで、ふくらはぎが動いていることを感じてください。

ただし、不安定なら壁に手をついてカバーできるように、すぐに身体を支えることができる壁ぎわでおこないましょう。

つま先立ちでふくらはぎを使うことで、下半身の筋トレになり、下半身が安定してよい姿勢で立てるようになります。また、下半身の筋肉が刺激されると、腰の筋肉も刺激されるので、長時間座っていることが多い、腰が硬い人にもよいトレーニングです。

片足1分で筋トレ効果絶大の「片足立ち」

運動不足を自覚している人におすすめなのが、片足立ちです。この片足立ちは、**片足ずつたった1分立つだけで、ウォーキング約50分相当の筋トレ効果が期待できますので、効率よく運動不足が解消**できます。

片足立ち

① 姿勢を正してから、片足のひざを伸ばし、足裏で地面を押すように立ちます。

②反対の足を、地面から5ｃｍだけ上げる。
③そのまま1分、片足で立ちます。
④次に軸足を変えて同様に1分。

たった1分でも筋肉への負荷が絶大のトレーニングです。慣れてきたら、「手ぬぐい体操」を組み合わせたり、足を高く上げたり、片足で立っている時間を1分からさらに長くすると筋肉が自然と鍛えられます。さらに上級編として、「片足立ちのつま先立ち」ができれば、より筋トレ効果が高まります。

ただし、片足で立つことは不安定になりやすいため、必ず周囲の安全を確認し、最初のうちはすぐに手をつけることができるよう、壁の近くでおこなうようにしましょう。

すきま時間を上手に活用してストレッチを習慣化させる

以上、ご紹介した「ちょっと立ったときにできる3つのストレッチ」は、場所を選ばないので、なにかをしながら……といったすきま時間を使っておこなえます。オフィスや自宅で、ちょっと立ったときにおこなうようにすれば、習慣化しやすいでしょう。

短期間で、心と身体を健康にする最強の筋トレ、「ながらトレーニング」で運動不足を解消し、筋力をつけ、よい姿勢になるよう、日々意識を向けてください。

今の姿勢、歩き方で10年、20年後のあなたの身体が決まり、あなたが成功するかしないかも決まるといっても過言ではありません。一生の財産になるよい姿勢をぜひとも身につけてください。

おわりに

最後までお読みいただき、ありがとうございました。

この本は、今の瞬間も、当たり前にしている、立つ・座る・歩くという、生活の基本動作。

これを気にするだけで、ビジネスや人生までもが変わることをお伝えしました。

無意識の立ち姿勢・歩くことを、意識的に行うことで、印象もよくなり、信頼感も増し、集中力がアップし、その上、気持ちまで前向きに引き上げてくれる。

しかもそれが、たとえば、ショーなどの特別な時間の姿勢・歩き方ではなく、日常生活の中でできるのが、ポスチャーウォーキング®の特徴です。

普段、多用な人にこそ、実践してほしいのです。

特別な時間
特別な場所
特別な道具
特別な服

は、必要ありません。

どこでも、いつでも、ひとりでも、できます。

朝起きてから、寝るまでの、立つ・座る・歩く。
この動作に意識を向けるだけで、ビジネスや人生までもが進化していきます。

しかも、第二章でお伝えしたように、ビジネスで大切な第一印象は、３秒で決まり、その印象は半年間続きます。
半年間を効率的に使うには、最初の3秒を決めることが有効です。
この3秒は、よい姿勢で決めることができます。

そして、よい姿勢は、信頼を連れてきます。
よい姿勢は、意気込みを感じさせます。
よい姿勢は、生き様を引き出します。

生きている限り一緒にある、この身体。

誰にも習わず、いつのまにかハイハイして、立ち、歩けるようになった、その身体の使い方。だから今まで、知らなくて当然なんです。

この本を読んだあなたは、もう知っています。
よい姿勢・よい歩き方を。

しかも、一度覚えたら一生使える、『一生ものの財産』になります。

この本を手に、繰り返すことで、はじめは意識していたよい姿勢が、無意識にできるようになります。

ご自身の姿勢の力を、信じてください。

姿勢の力は、想像以上です。

頭で考えるより、まずやってみることです。

読むだけに終わらず、実践し、ビジネスの成功、人生の豊かな成功につなげてください。

この場をお借りしまして、私がインストラクターとして所属している、一般社団法人ポスチャーウォーキング協会代表理事ＫＩＭＩＫＯ先生、協会理事の皆様、世界中のポスチャースタイリスト®の仲間たち、受講生の皆様にも、深く感謝を申し上げます。

愛と情熱とエビデンスもある団体です。いつも、多大な応援をありがとうございます。

このポスチャーウォーキング®を私に教えてくれた友人の中原嘉美さん、あなたが居なければ、今の私はいません。ありがとうございます。

また、出版にあたり、ご尽力をいただきました山田稔さん、望月高清さんにも感謝を申し上げます。

最後に本を書くにあたり、温かく見守ってくれた家族・天国にいる父に、感謝の言葉を述べさせてください。

ありがとう。ありがとう。

特に、今年86歳になった母は、積極的に奉仕活動にいそしみ、私の目標の女性でもあります。

いつも支えてくれて、ありがとう。産んでくれて、ありがとう。

たくさんのかたの応援を受け、私の思いの詰まった本が完成しました。

この本を片手に、今から実践することで、成功が加速します。

あなたの成功を、心より応援しています。

２０２３年　兎年

一般社団法人ポスチャーウォーキング協会　認定講師
ポスチャースタイリスト®古谷維久子

※本書に記載した姿勢の取り方、歩き方はポスチャーウォーキング®レッスンに基づくものである。

ご購入特典プレゼント

一日を、よい姿勢で、パワフルに過ごせる特典をプレゼントします。
本と合わせてご覧いただき、実践にお役立てください。

特典①

PDF

お出かけ前の、姿勢チェックリスト

特典②

PDF

成功につながる、靴の選び方リスト

特典③

複数ご購入のかた限定特典

10冊以上ご購入の方には、オンラインセミナー開催の権利を差し上げます（本書をテキストとして使用するオンラインセミナーに著者が出講いたします。詳細は、メッセージ欄からお問い合わせください）。

プレゼントはこちらからお受け取り下さい。

直接ブラウザに入力する際には下記URLをご入力ください。

https://x.gd/rHO3p

※特典は予告なく終了する場合がございます。お早めにお申し込みください。
※ 特典は許可なく配布・転載を禁止します。

著者紹介

古谷 維久子（ふるや いくこ）

ポスチャーウォーキング協会認定ポスチャースタイリスト®

大阪府出身1963年生まれ。元々姿勢が悪く、人生の成功から一番遠い歩き方をしていたが、40代後半でポスチャーウォーキング®に出会う。「歩き方一つで心と身体、人生までも上向きになる」と気づき、2012年にポスチャースタイリスト®の資格を取得。姿勢が変われば、印象も変わり、付き合う人も変わり、ビジネスまでもが変わる。この実体験から、レッスンでは、「ポスチャーウォーキング®のメソッド」を伝えることにプラスして毎日の生活で楽しく実践するコツ、日本舞踊の名取の経験から立ち居振る舞い、上品な身のこなしなども伝授。姿勢一つで、望みが叶う受講生が続出。レッスンはキャンセル待ちが出るほど。大手企業・行政・学校PTAなどからも多数、講演・セミナー・イベントの依頼を受け、地域を超えて活動している。

ポスチャースタイリスト®古谷維久子のブログ
https://profile.ameba.jp/ameba/furuya-posture/

一般社団法人ポスチャーウォーキング協会の
ホームページ
https://www.posture.co.jp/

編集協力　月野 るな
撮影協力　青山 智圭子
モデル　浜 直也

幸せな成功者は、なぜ、姿勢がいいのか？

姿勢が変われば、人生も変わる!

2023年3月27日　初版第一刷発行

著　者　古谷 維久子
発行者　宮下 晴樹
発　行　つた書房株式会社
〒101-0025　東京都千代田区神田佐久間町3-21-5　ヒガシカンダビル3F
TEL. 03（6868）4254
発　売　株式会社三省堂書店/創英社
〒101-0051　東京都千代田区神田神保町1-1
TEL. 03（3291）2295
印刷／製本　モリモト印刷株式会社

ISBN978-4-905084-65-5